Christopher Rudolf

Chipkartensoftware

Die Entwicklung einer Prüfstrategie
für elektronische Ausweisdokumente

Bachelor + Master
Publishing

Rudolf, Christopher: Chipkartensoftware. Die Entwicklung einer Prüfstrategie für elektronische Ausweisdokumente, Hamburg, Diplomica Verlag GmbH 2012
Originaltitel der Abschlussarbeit: Prüfstrategie für Chipkartensoftware von Ausweisdokumenten: Darstellung und Analyse der Algorithmen des elektronischen Personalausweises (im speziellen PACE) und Vergleich eines für den elektronischen Personalausweises erfahrungsbasierten Systemtest mit einem systematisch konzipierten Systemtest

ISBN: 978-3-86341-260-9
Druck: Bachelor + Master Publishing, ein Imprint der Diplomica® Verlag GmbH, Hamburg, 2012
Zugl. Humboldt-Universität zu Berlin, Berlin, Deutschland, Diplomarbeit, 2009

Bibliografische Information der Deutschen Nationalbibliothek:
Die Deutsche Nationalbibliothek verzeichnet diese Publikation in der Deutschen Nationalbibliografie; detaillierte bibliografische Daten sind im Internet über http://dnb.d-nb.de abrufbar.

Die digitale Ausgabe (eBook-Ausgabe) dieses Titels trägt die ISBN 978-3-86341-760-4 und kann über den Handel oder den Verlag bezogen werden.

© Bachelor + Master Publishing, ein Imprint der Diplomica® Verlag GmbH
http://www.diplom.de, Hamburg 2012
Printed in Germany

Inhaltsverzeichnis

Abbildungsverzeichnis

Einleitung

Chipkarten sind bereits heute Bestandteil unseres täglichen Lebens: Wir benutzen sie nicht nur als Telefon-, Krankenkassen- und Bankkarte, sondern verwenden sie auch um Zugangsberechtigungen zu prüfen, sensible Daten sicher aufzubewahren oder aber um andere sicherheitsrelevante Transaktionen abzusichern. Ein besonders sensibler und wichtiger Bereich ist die Verwendung als elektronisches Ausweisdokument. Dies ist in vielen Ländern Europas bereits ganz normal.

Ab dem Jahr 2010 wird in Deutschland der elektronische Personalausweis ausgegeben, der in Form einer klassischen Chipkarte den alten Personalausweis ersetzt. Der neue elektronische Personalausweis soll einen elektronischen Identitätsnachweis über das Internet ermöglichen, der die hohen Sicherheitsanforderungen des bisherigen Personalausweises erfüllt.

Grundlage für den elektronischen Personalausweis ist die vom Bundesamt für Sicherheit in der Informationstechnik (BSI) veröffentlichte technische Richtlinie TR–03110[3], die Anforderungen und Protokolle beinhaltet, auf deren Grundlage sichere maschinenlesbare Ausweisdokumente zu erstellen sind. Die Menge der dadurch entstehenden Anforderungen und Pflichten erzeugt eine für Chipkartensoftware sehr komplexe Software, die zu den anspruchsvollsten Chipkartenanwendungen gehören, die bisher entwickelt wurden.

Der Prozess der Softwareentwicklung ist extrem fehleranfällig. Ein Großteil der Kosten von Softwareprojekten wird in den Testphasen und durch Wartung verschlungen. Hierfür gibt es verschiedene standardisierte Prozesse wie die ISO 9000, die Prozesse für die Überprüfung der Qualität von Software definieren.

Doch haben diese normierten Verfahren einen entscheidenden Knackpunkt: Sie beschreiben lediglich die Prozessabläufe, geben aber keine konkreten Prüfmethoden für ein bestimmtes Softwareprofil vor. Aber genau diese sind ausschlaggebend im Hinblick auf die Ökonomie und Qualität der Prüfung.

Trotz der bereits gewonnen Erfahrungen treten in der heutigen Softwareentwicklung immer noch schwere Fehler auf, so dass wöchentlich oder monatlich Nachbesserungen für Software veröffentlicht werden müssen. Chipkartensoftware hingegen kann auf Grund von Sicherheitsanforderungen und physikalischen Limitationen nur begrenzt nach der Auslieferung verändert werden. Zudem würde das hohe Kosten verursachen.

Da es keine allgemeingültige Prüfmethode gibt, nach der eine Software getestet werden kann, muss die Verwendung der Prüfmethoden abhängig von dem Anwendungsgebiet und dem Komplexitätsprofil der Software entschieden werden. [24]

Dieses Problem trifft insbesondere auf die Eigenschaften und Anforderungen zu, die elektronische Ausweisdokumente erfüllen müssen. Nur ein Fehler in der Software kann die Sicherheit und den Datenschutz des Inhabers verletzen und dadurch das Vertrauen in das neue Ausweisdokument beschädigen.

In der vorliegenden Arbeit werden wir die Eigenschaften von Chipkartensoftware für Ausweisdokumente analysieren und auf Basis dieser Spezifikationen eine systematische Prüfstrategie

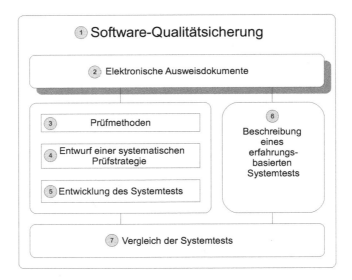

Abbildung 1: Aufbau der Arbeit

ableiten und anwenden. Wir konzentrieren uns hierbei nicht auf die Überprüfung von physikalischen Eigenschaften der Karte oder nicht-funktionalen Anforderungen, sondern auf die korrekte Implementierung der technischen Richtlinie, die die Sicherheit des Ausweisdokuments gewährleisten soll. Die weiter unten vorgeschlagene Prüfstrategie zeichnet sich dadurch aus, dass sie verschiedene praktisch bewährte Prüfmethoden und die reichhaltigen Erfahrungen vergangener Projekte mit einbezieht.

Im ersten Kapitel beschreiben wir die Stellung der Qualitätssicherung in der Softwareentwicklung und suchen die Gründe, warum Softwareentwicklung grundsätzlich fehleranfällig ist. In einem kurzen Einblick beschreiben wir die Prozesse und Ziele der Qualitätssicherung und ordnen diese in die Testhierarchie des V-Modells ein.

Im zweiten Kapitel widmen wir uns den elektronischen Ausweisdokumenten und beschreiben Spezifikationen für maschinenlesbare Reisedokumente. Wir beschreiben hier die Anforderungen und Protokolle, die sichere Ausweisdokumente umsetzen.

Im dritten Kapitel vergleichen wir verschiedene Prüfmethoden, die sich in der Qualitätssicherung etabliert haben, und diskutieren deren Einsatzgebiete und Vorteile. Auf dieser Grundlage werden wir die bestehenden Prüfmethoden erweitern.

Im vierten Kapitel beschreiben wir schließlich die neue Prüfstrategie. Diese beinhaltet konkrete Prüfmethoden, die sich aus den vorangegangen Untersuchungen ergeben.

Im fünften Kapitel wenden wir die neue Prüfstrategie an. Ziel ist die Modellierung abstrakter Testfälle, auf deren Grundlage ein funktionaler Systemtest entwickelt wird. Dessen Ergebnisse sowie die Modellierungen liegen der Arbeit bei.

Im sechsten Kapitel explizieren wir einen bereits existierenden Systemtest[4], der erfahrungsbasiert entwickelt wurde. Welche Bereiche und Fehlerklassen in diesem Fall fokussiert wurden, steht dabei im Vordergrund.

Im siebten Kapitel vergleichen wir die Systemtests und zeigen Probleme und Vorteile der jeweiligen Methodologien auf.

1 Software–Qualitätssicherung

Das klassische Vorgehensmodell der Softwareentwicklung teilt ein Projekt in sieben Phasen: Planung, Definition, Entwurf, Implementierung, Test, Einsatz und Wartung. In der Planungs- und Definitionsphase wird der wirtschaftliche Rahmen des Projektes festlegt. Dieser besteht aus einem Zeitplan und einem Budget. Ein erfolgreiches Softwareprojekt ist daher ein Projekt, das sowohl den geplanten Zeitplan als auch das geplante Budget einhält.

Nach einer Studie der Standish Group waren im Jahre 1995 nur 16,2% der Softwareprojekte erfolgreich und 83,8% der Softwareprojekte scheiterten in mindestens einer der Kategorien Zeit und Budget[14]. In der Konsequenz wurden diese nur unvollständig umgesetzt oder sogar vorzeitig abgebrochen. Der Anteil der erfolgreichen Projekte ist bis zur letzten Erhebung im Jahre 2006 stetig auf 25% gestiegen.

Für das Scheitern der Projekte ermittelte die Standish Group Gründe, die sie aus den Selbsteinschätzungen von 365 befragten Unternehmen ableiteten. Im Folgenden zeigen wir eine Auswahl der wichtigsten Gründe für das Fehlschlagen von Softwareprojekten:[1]

1. Ca. 13% der Befragten gaben an, dass die Anforderungsanalyse zu oberflächlich verlief oder in dem anschließend erstellten Lastenheft Aspekte fehlten oder inkonsistent waren, so dass das spezifizierte Produkt ohne neue Anforderungen nicht funktionstüchtig war. Diese Anforderungen verursachten neuen Aufwand, der zusätzliche Kosten erzeugt hat.

2. Ca. 12,5% der Befragten gaben an, dass der Kunde oder der spätere Benutzer zu spät oder gar nicht in den Entwicklungsprozess einbezogen wurden und dadurch Fehler in den Anforderungen und der Umsetzung zu spät erkannt wurden.

3. Ca. 10% der Befragten gaben an, dass der Kunde während der Entwicklung Anforderungen verändert hat. Die Änderungen haben andere bereits umgesetzte Anforderungen betroffen, so dass die Umsetzung mehr Aufwand erzeugt haben.

4. Ca. 10% der Befragten gaben an, dass der Kunde seine Erwartungen an das zu erstellende Produkt falsch definiert hat.

Die genannten Scheiterungsgründe der Kategorie (2), (3) und (4) sind auf die fehlende oder missverstandene Kommunikation zwischen Softwarefirma und Kunden zurückzuführen. Die Standish Group empfiehlt daher den Kunden stets in die Entwicklung einzubeziehen. Außerdem sollten die Phasen „design, prototype, develop, test and deploy" mit kurzen Iterationszyklen verwendet werden, um frühzeitig Fehler und Missverständnisse aufzudecken[14].

Agile Softwareentwicklungsmethoden fordern keine vollständige Anforderungsanalyse, sondern basieren darauf, dass der Kunde von vornherein in die Projektplanung integriert wird. Dadurch ist es möglich kleine, schnell umsetzbare Projektziele zu definieren, die kurze Itera-

---

[1]Die Zahlen ergeben sich aus dem Durchschnittswert der jeweiligen Typ 2 und 3 Gründe[14]: (1) „Incomplete Requirements & Specifications", „Incomplete Requirements"; (2) „Lack of User Input", „Lack of User Involvement"; (3) „Changing Requirements & Specifications", „Changing Requirements & Specifications"; (4) „Unrealistic Expectations", "Unclear Objectives"

tionszyklen der Phasen erlauben. Auf diese Weise werden konzeptionelle Fehler früh erkannt und der Schaden von Aufwandsfehleinschätzungen verringert.

Nicht alle Projekte können mit einem agilen Vorgehensmodell umgesetzt werden. Für ein Projekt mit festen Rahmenbedingungen und bereits konkreten Anforderungen könnte die agile Umsetzung grundsätzlich teurer sein, wenngleich das Risiko zu scheitern kleiner ist.

Bereits vor der Entwicklung agiler Vorgehensmodelle hat man erkannt, dass der Entwicklungsprozess von Software fehlerträchtig ist. Projekte mussten nach vielen Jahren der Entwicklung abgebrochen werden, weil die Kosten für die Fehlerkorrektur die einer Neuentwicklung überstiegen hätten. Im Rahmen der oben genannten Studie wurde ermittelt, dass im Durchschnitt jedes Projekt ein zweites Mal auf Grund einer zu großen Anzahl von Fehlern erneut begonnen wird.

Die Prozesse, die den Grad der Übereinstimmung zwischen Lasten und Software - die Softwarequalität - überprüfen oder sicherstellen, gehören zu der Qualitätssicherung. Die Qualitätssicherung verwendet die Techniken Analyse, Verifikation und Test, um die Softwarequalität zu messen und Fehler zu finden[35].

- Die Analyse wird angewendet, um bestimmte Aussagen über das Produkt zu treffen, und ist ein Mittel die Softwarequalität zu sichern, indem Fehler vor ihrer Entstehung verhindert werden. Die Analyse allein reicht nicht aus, um eine hohe Qualität des Produktes sicherzustellen.

- Beim Test werden Teile der Software ausgeführt und die Ergebnisse überprüft. Stimmen die Ergebnisse nicht mit der Spezifikation überein, so ist der Test fehlgeschlagen. Ein fehlgeschlagener Test deutet entweder auf falsche Erwartung oder auf ein Fehler in der Software hin. Ein Test kann allerdings nur die Implikation zeigen, dass ein Fehler existiert, wenn ein Testfall fehlschlägt.

- Die Verifikation versucht die Korrektheit der Software zu beweisen; schlägt dieser Beweis fehl, zeigt dies, dass die Software einen Fehler enthält. Gelingt der Beweis, so enthält die Software keinen Fehler.

In der Praxis hat sich die Analyse und das Testen gegenüber der Verifikation zur Überprüfung der Qualität durchgesetzt, da der Aufwand für eine formale Verifikation drei bis fünfmal so hoch ist, wie eine gleichwertige Prüfung durch Analyse und Test[25].

In den meisten Projekten werden die Ergebnisse einer Phase durch qualitätssichernde Maßnahmen geprüft. Die Prüfung der Spezifikationen und Entwürfe der konzeptionellen Phasen erfolgt durch Analyse. Die Implementierung der Software wird durch Tests auf Funktionstüchtigkeit geprüft. Auch werden die korrekte und fehlerfreie Umsetzung der Anforderungen durch Tests geprüft.

Da die Korrekturkosten für einen Fehler geringer sind je früher der Fehler gefunden wird, ist die Qualitätssicherung für ein Projekt ökonomisch: Die Korrekturkosten für einen in der Analyse gefundenen Fehler sind um das 100 fache geringer als die Korrekturkosten, für ein im Feld gefundenen Fehler. Auch die Korrekturkosten für ein in der Entwicklung gefundenen Fehler sind noch um das 12-fache größer als die Korrekturkosten, für ein im Feld gefundenen Fehler[30]. Daher sind die Prozesse der systematische Überwachung der Qualität fester Bestandteil eines Softwareprojekts. Eine effektive Qualitätssicherung kann das Scheitern eines Projektes aktiv verhindern und die Wahrscheinlichkeit für Scheiterungsgrund der Kategorie (1), (3) und (4) verringern.

Das Qualitätsmanagement plant und bestimmt die Qualitätssicherungsprozesse eines Software-projekts. Im Folgenden beschreiben wir die Aufgaben des Qualitätsmanagements und zeigen das Qualitätsmanagementmodell des V-Modells, mit dem Ziel die Prüfungen der in dieser Arbeit verglichenen Methodologien einzuordnen.

1.1 Qualitätsmanagement

Das Qualitätsmanagement definiert Prüfungen zum Nachweis und organisatorische Maßnahmen zur Erreichung der Softwarequalität, die um funktionale und nicht funktionale Qualitätszielbestimmungen erweitert werden kann. Diese Qualitätsziele können vom Kunden vorgegeben oder von der Softwarefirma selbst definiert werden. Für Software mit einem kritischen Einsatzgebiet, wie zum Beispiel in Banken und Versicherungen, aber auch eingebetten Systemen, können besondere Qualitätszielbestimmungen für sensible Module definiert werden, da Fehler, die erst im produktiven Einsatz gefunden werden, besonders hohe Fehlerkorrekturkosten oder Schaden erzeugen können. Eine Rückrufaktion von Chipkarten würde zum Beispiel das Image von Kartenherausgebern über Jahre hinweg schaden[33] und das Vertrauen des Benutzers in das Produkt verringern. Das Qualitätsmanagement muss daher besondere Sicherungsmaßnahmen für die entsprechenden Module definieren.

Bestimmte Qualitätszielbestimmungen können ein Projekt ökonomischer machen oder die Wahrscheinlichkeit für den Erfolg des Projektes erhöhen, indem Qualitätsziele nicht auf das Produkt, sondern an den Prozess gestellt werden. Das Qualitätsmanagement könnte beispielsweise die Vollständigkeit oder Verständlichkeit der Dokumentation als Qualitätsziel definieren, welche von der Qualitätssicherung im Entwicklungsprozess überprüft wird. Durch diese Qualitätszielbestimmung wird die Nachvollziehbarkeit gesichert und die Einarbeitungszeit für neue Mitarbeiter verringert. Ein positiver Nebeneffekt wäre außerdem, dass in vielen Fällen durch die Prüfung der Dokumentation Fehler im Produkt gefunden werden, und somit eine Steigerung der Qualität des Produktes verursacht.

Die Prüfung zum Nachweis der Softwarequalität wird von der Qualitätssicherung unter Verwendung einer Prüfstrategie durchgeführt. Eine Prüfstrategie besteht aus Prüfmethoden, deren Auswahl von den spezifischen Eigenschaften des Prüflings abhängt [24].

1.2 Qualitätsmanagementmodell des V-Modell

Im Folgenden zeigen wir das Qualitätsmanagementmodell des V-Modells. Der Name „V-Modell " ergibt sich grundsätzlich daraus, dass ein Vorgehensmodell definiert wird, und aus der Visualisierung der zeitlichen Abfolge der Phasen, die in „V"-Form dargestellt werden können, siehe Abbildung 1.1.

Das „V-Modell " definiert zu jeder Phase der Entwicklung eine Prüfung mit bestimmten Prüfzielen, in der eine Testspezifikation während oder nach Abschluss der Phase konzipiert wird. Allein die Erstellung der Testspezifikation deckt in der Regel eine Reihe von Fehlern entweder in den Anforderungen, der Architektur oder der Komponente auf, da ein Testfallingenieur eine andere Sicht auf die Anforderung der entsprechenden oder vorhergehenden Phasen besitzt als der Analyst, Architekt oder Programmierer[32][25]. Die Qualität einer Testspezifikation ergibt sich aus der Abdeckung des Prüflings, die sich nur in bestimmten Fällen formal messen lässt. Die Prüfstrategie beschreibt in diesem Fall das Vorgehen zur Erstellung der Testspezifikation

3

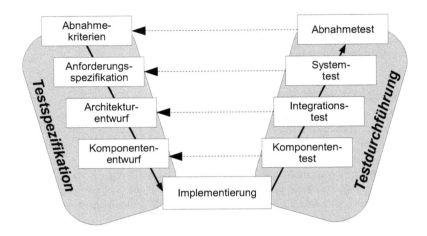

Abbildung 1.1: Teststufen und Testaktivitäten des V-Modell

und hat somit direkte Auswirkung auf die Qualität dieser. Außerdem beeinflusst die Prüfstrategie den Aufwand, der für die Prüfung notwendig ist.

Im Anschluss an die Implementierung werden die Testspezifikationen von Testern durchgeführt. Die dabei aufgedeckten Fehler werden dann korrigiert und die Testspezifikation wird erneut durchgeführt. Dieser Prozess wird so lange wiederholt, bis kein Fehlverhalten mehr von den Tests aufgedeckt wird.

Abbildung 1.1 zeigt die schematische Übersicht und die zeitliche Abfolge der Testaktivitäten in den jeweiligen Phasen. Es folgt die Erläuterung der Prüfziele der einzelnen Testspezifikationen:

- Der **Komponententest** untersucht Module und Klassen isoliert. Eine Testspezifikation für den Komponententest muss daher Kenntnis von der Schnittstelle des Moduls haben. Ziel des Tests ist es zu garantieren, dass Schnittstelle und Verhalten eines einzelnen Moduls den Anforderungen entsprechen. Das Verhalten, dass eine Komponente für die Interaktion zwischen Modulen definiert, wird hier nicht geprüft.

- Der **Integrationstest** untersucht Teilsysteme mehrerer Komponenten. Hier werden die Schnittstellen für die Interaktion zwischen Modulen getestet, die im Komponententest nicht durchgeführt wurden.

- Der **Systemtest** untersucht die vollständige Software gegen die Anforderungen der Spezifikation. Der Systemtest des V-Modells wird in der Praxis häufig mit Funktionstest bezeichnet. Im Rahmen dieser Arbeit wird eine Prüfstrategie zur Entwicklung eines funktionalen Systemtests entworfen.

- Der **Abnahmetest** prüft die Software gegen die nicht-funktionalen Anforderungen und beinhaltet unter anderem Feldtests und Benutzerakzeptanztests.

Durch diese Aufteilung wird versucht zunächst Fehlverhalten in den kleinsten Einheiten des Projekts und dann Fehlverhalten in den nächstgrößeren Einheiten zu finden. Dieses systematische Vorgehen spart Zeit in der Fehleranalyse und minimiert die Anzahl der durchgeführten

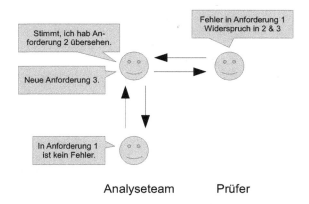

Analyseteam   Prüfer

Abbildung 1.2: Effekt unterschiedlicher Systemansichten.

Tests. Werden Fehler durch eine Testspezifikation gefunden, sollten nach der Fehlerbehebung die Tests der vorhergehenden Testspezifikationen erneut durchgeführt werden, um Fehlverhalten, welches durch Seiteneffekte der Korrektur erzeugt wurde, möglichst früh zu finden.

1.3 Prozesse der Qualitätssicherung

Jede Prüfung beginnt mit der Anforderungsanalyse, in der das Team der Qualitätssicherung unter Verwendung der vom Qualitätsmangement vorgegebenen Methodologien und Werkzeugen die vorhandenen Spezifikationen nachvollzieht und auf Testbarkeit überprüft. Es findet ein erster Prozess des Reviews statt, bei dem wie oben erwähnt in der Regel Fehler gefunden werden. Durch den Prozess der Kommunikation zum Analyseteam, findet eine Auffrischung des Wissens im Analyseteam statt, so dass komplexe Bereiche häufiger diskutiert werden und somit die Wahrscheinlichkeit für das Entdecken von Fehlern in diesem Bereich erhöht wird. Abbildung 1.2 dient zur Veranschaulichung dieses Effektes: Zwar findet der Prüfer nicht immer einen Fehler, trägt aber zur Wissensverteilung im Analyseteam bei.

Der Prüfer erzeugt bei der Analyse ein Modell des Systems und leitet unter Verwendung einer Prüfmethode Prüfobjekte und Tests ab. Um den Prozess nachvollziehbar zu halten, sollte der Prozess der Prüfobjekt- und Prüffallselektion dokumentiert werden. Nach der Analyse werden daher Dokumente angelegt, die begründen, welche Bereiche unter welchen Aspekten getestet werden sollten. Im Anschluss an die Prüfobjektidentifikation kann zwischen drei Vorgehensweisen Tests abzuleiten unterschieden werden:

1. Im erfahrungsbasierten Test werden Tests nach Analyse der Anforderungen auf Basis von Fehlervermutung und Erfahrungen von Softwarefehlern einer ähnlichen Domäne erstellt.

2. Im anforderungsbasierten Test wird für jede einzelne Anforderung eine Anforderungstestanalyse durchgeführt, aus der sich dann eine Menge von Tests ergeben.

3. Im modellbasierten Test wird die Modellerstellung des Systems formalisiert, so dass die Analyse der Anforderungen eines Prüfobjekts ein Modell ergibt. Aus dem Modell werden Tests abgeleitet, die dann die Abdeckung des Modells und somit der Anforderungen, die dem Modell zugeordnet wurden, sicherstellt.

Modellbasiertes Testen hat den Vorteil, dass Tests die aus einem Modell abgeleitet werden, leichter nachzuvollziehen und wartbarer sind. Darüber hinaus kann die „Vollständigkeit" der Tests über objektive Abdeckungsmetriken des Modells gemessen werden. Die subjektive Abschätzung der Anforderungsabdeckung von länglichen Testspezifikationen wird dabei auf die subjektive Abschätzung der Anforderungsabdeckung des Modells verschoben.

Nachdem die Tests abgeleitet und gegebenenfalls implementiert wurden, beginnt die Testdurchführung. Stellt sich dabei heraus, dass ein Prüfobjekt besonders viele Fehler enthält, sollten für dieses Prüfobjekt weitere Tests entworfen werden, da sich die Wahrscheinlichkeit, dass ein Teil einer Software einen weiteren Fehler enthält, proportional zu der Anzahl der bereits gefundenen Fehler in diesem Bereich ist [31]. Es empfiehlt sich daher frühzeitig Bereiche zu identifizieren, die eine hohe Veränderungsrate haben, und mehr Testfälle dafür zu entwerfen.

Durch die hohe Anzahl der beteiligten Personen ist der Prozess von der Analyse bis zur Durchführung der Tests aufwendig, weil das System von vielen Personen zum Teil vollständig nachvollzogen werden muss. Aufgabe einer Prüfstrategie ist es also, die speziellen Eigenschaften des Prüflings zu erfassen und Prüfmethoden zu nennen, die für diese Eigenschaften geeignet sind. Gleichzeitig muss die Komplexität der Nachvollziehbarkeit, Abdeckungsbegründung und Wartbarkeit gering zu halten.

2 Chipkarte als Ausweisdokument

In diesem Kapitel stellen wir die Details der Software vor, für die wir in dieser Arbeit die Prüfstrategie entwickeln und anwenden. Im Folgenden beschäftigen wir uns zunächst abstrakt mit den Funktionen von Ausweisdokumenten. Ziel der Chipkarte als Ausweisdokument ist es, die herkömmliche Nutzung von Ausweisen in der „Papierwelt" auf die elektronische Welt auszuweiten[28].

Die Funktion eines Ausweises ist es die Identität des Ausweisinhabers gegenüber einer Entität zu bestätigen. Es ist daher unmittelbar klar, dass ein Ausweis vom Ausweisaussteller mit besonderen Sicherheitsmerkmalen zum Schutz vor Fälschung und Kopie ausgestattet wird. Für die Bestätigung der Identität sind die meisten Ausweise mit personenbezogenen Daten beschriftet, die auch direkt überprüfbare biometrische Informationen enthalten können. Manche Ausweise tragen keine biometrischen Informationen und bestätigen lediglich die Identität des derzeitigen Besitzers oder sind nur in Verbindung mit einem weiteren Ausweisdokument gültig.

Im Folgenden wollen wir die herkömmliche Verwendung des Ausweises am Beispiel einer Kontoeröffnung erklären, um daraus die Prozesse abzuleiten, die in einem elektronischen Ausweisdokument umgesetzt werden müssen. Für die Kontoeröffnung benötigt die Bank eine Bestätigung der Identität des zukünftigen Kontoinhabers, die in der Regel mit einem Ausweis durchgeführt wird. Der Prozess der Identitätsbestätigung und -überprüfung wird als Authentisierung bezeichnet[28]. Der Vorgang gliedert sich in folgende Schritte:

1. Die Person betritt die Räumlichkeiten der Bank, bei der sie ein Konto eröffnen will.

2. Die Person übergibt ihren Ausweis an den Bankangestellten.

3. Der Bankangestellte prüft, ob der Ausweisaussteller von der Bank als vertrauenswürdig eingestuft wird.

4. Der Bankangestellte prüft die Sicherungsmerkmale, sowie die Gültigkeit des Ausweises.

5. Der Bankangestellte liest Daten des Ausweises ab.

Die Schritte 2 bis 4 bilden die ausweisgestützte Authentisierung ab. Tatsächlich findet in Schritt 1 eine implizite Authentisierung der prüfenden Bank gegenüber dem Ausweisinhaber statt, so dass die Bank durch Schritt 1 eine implizite Legitimation vom Ausweisinhaber erhält, den Ausweis prüfen zu dürfen. Die herkömmliche Nutzung eines Ausweises ist daher eine gegenseitige Authentisierung.

Um die elektronische Authentisierung zu ermöglichen, müssen diese Schritte auf Protokolle zwischen einer Chipkarte und einem Dienst übertragen werden. Die in Schritt 1 stattfindende implizite Authentisierung der Entität gegenüber der Person ist in dieser Form nicht auf die elektronische Welt übertragbar. Hier muss eine Authentisierung des Dienstes gegenüber der Chipkarte erfolgen, so dass die Chipkarte die Legitimation des Dienstes überprüfen kann, um sicherzustellen, dass sie mit einem zum Auslesen von Ausweisdaten legitimierten Dienst kommuniziert. Dieser Schutz ist notwendig, da eine elektronische Kommunikation für einen Menschen nicht nachvollzogen werden kann und so unbemerktes Auslesen der Daten aktiv verhindert werden muss.

Der elektronische Reisepass (ePass) als elektronisches Ausweisdokument ist bereits mit einem kontaktlosen Chip ausgestattet. Die auf dem Chip elektronisch gespeicherten Daten können von Kartenterminals ausgelesen werden[1]. Auf dem Chip des ePass werden sowohl personenbezogene Daten wie Name, Geburtsdatum, Geschlecht, Staatszugehörigkeit, sowie eine digitale Form des Passbildes und der Fingerabdrücke[2], als auch dokumentenbezogene Daten wie Seriennummer, Dokumententyp und Gültigkeitsdatum gespeichert. Diese Daten, abgesehen von den Fingerabdrücken, befinden sich auch in menschenlesbarer Form innerhalb des Passes. Die Integrität der elektronisch gespeicherten Daten wird durch eine digitale Unterschrift des Ausweisausstellers sichergestellt. Der Chip im Reisepass ist daher ein weiteres Element zur Überprüfung der Integrität des Ausweises und ist daher nur Bestandteil einer klassischen Authentisierung der „Papierwelt". Im obigen Beispiel würde der Chip erst im Schritt 4 verwendet werden und somit keine vollständige in der elektronischen Welt stattfindende Authentisierung ermöglichen.

Ziel der Einführung des elektronischen Personalausweises (ePA) im September 2010[3] ist es, die Nutzung des Personalausweises auf die elektronische Welt auszuweiten und eine Authentisierung über das Internet zu ermöglichen. Die auf dem Chip umgesetzten Protokolle ermöglichen eine Authentisierung, die vollständig elektronisch ablaufen kann und daher die einzelnen Schritte der gegenseitigen Authentisierung des obigen Beispiels in elektronischer Form abbildet. Die implizit stattfindende Authentisierung aus Schritt 1 des obigen Beispiels wird über folgenden Mechanismus gelöst: Jede zum Auslesen von Ausweisdaten berechtigte Instanz besitzt ein Zertifikat, welches die Klassifikation der Daten enthält, die von der Instanz ausgelesen werden dürfen. Die Gültigkeit des Zertifikats kann der Ausweis selbstständig mit einem auf dem Chip gespeicherten Schlüssel prüfen. Anschließend prüft der Dienst die Gültigkeit und Echtheit der Karte und kann dann die Identität des Benutzers elektronisch bestätigen.

Der Standard ICAO Dokument 9303[16] definiert die Protokolle und Datenstrukturen, die ein elektronischer Reisepass erfüllen muss. Diesen Richtlinien entsprechend wurde die „Technischen Richtlinie 03110 – Extended Access Control 1.11"[4] (TR–03110 – EAC 1.11) vom BSI definiert, die die Details des deutschen elektronischen Reisepasses festlegt. Die Version 2 der „Extended Access Control" wurde in der „TR–03110 Version 2 - EAC 2.0"[3] veröffentlicht und definiert Protokolle und Datenstrukturen für ein sicheres, öffentlich einsetzbares, europäisches Ausweisdokument.

In diesem Kapitel beschreiben wir zunächst die Grundlagen von Chipkarten und RFID. Anschließend skizzieren wir die Protokolle der EAC 1.11 zur Herstellung einer Verbindung und zeigen, warum diese nicht die Anforderungen eines nicht-öffentlich einsetzbaren und datenschutzfreundlichen Ausweisdokuments erfüllen. Dann erklären wir die Bestandteile der EAC 2.0, für die wir die Prüfstrategie zur Systemtestentwicklung konzipieren. Dabei beschränken wir uns auf die Aspekte, die für die Wahl der Prüfmethoden relevant sind. Dazu gehört der logische Aufbau der Protokolle und die verwendeten Datenstrukturen, nicht aber die spezifischen Kodierungen, wie zum Beispiel die DER-TLV Kodierung der Parameter oder Datenstrukturen oder dem detaillierten ISO 7816-4 Paketformat[18]. Diese Informationen können aus der TR–03110 bezogen werden.

---

[1] Nach §18 PassG ist es nur hoheitlichen Geräten erlaubt die Daten elektronisch auszulesen. Sonst ist es nur Beförderungsunternehmen in bestimmten Situationen erlaubt eine Verbindung mit dem Pass herzustellen.

[2] Seit dem 1. November 2007 sind Fingerabdrücke im elektronischen Reisepass Pflicht.

[3] Stand 10.03.2009.

2.1 Chipkarten und RFID

Die ersten Plastikkarten wurden in den 50'er Jahren zur Identifikation von Clubmitgliedern ausgegeben. Plastikkarten haben den Vorteil gegenüber von Papier- oder Kartonkarten robust, langlebig und wasserbeständig zu sein. Gegen Fälschung wurden die Karten mittels Hochprägung und Unterschriftsfeld gesichert.

Die 1984 eingeführten Telefonkarten besaßen einen integrierten Chip, deren Funktion es war Zeiteinheiten auf der Karte manipulationssicher auszustreichen. Galvanische Verbindungen zwischen Lesegerät (in diesem Fall eine Telefonzelle) und Kontaktflächen der Karte dienen der Stromversorgung des Chips und der Kommunikation zwischen Terminal und Chip. Chipkarten, die auf diese Weise vom Terminal mit Strom versorgt werden und kommunizieren, heißen daher kontaktbehaftete Chipkarten. Im Jahre 2010 werden 3,0 Mrd. Chipkarten produziert worden sein, woraus sich der Erfolg der Chipkarten ableiten lässt. Für eine detaillierte historische Betrachtung der Entwicklung der Chipkarten siehe [33].

Mit der Funktechnologie ist es möglich den Chip kontaktlos mit Strom zu versorgen. Dies wird durch eine in die Karte integrierte Spule ermöglicht, welche in ein elektromagnetisches Wechselfeld gehalten durch Induktion Strom erzeugt, der den Chip in der Karte betreibt. Weiterhin versorgt der Strom einen Funksender und -empfänger in der Karte, die die Kommunikation mit dem Terminal ermöglichen. Vorteile der „kontaktlosen" Chipkarten sind die einfachere Handhabung und die höhere Haltbarkeit gegenüber kontaktbehafteten Karten, die bei häufiger Benutzung durch das Einführen in ein Kartenlesegerät Verschleißspuren aufweisen.

Kontaktlose Chipkarten haben sich als Ausweiskarten in den Niederlanden, Schweden und im deutschen Reisepass bewährt[9].

2.1.1 Bedrohungsszenarien für kontaktlose Chipkarten

Kontaktlose Chipkarten kommunizieren mit einem Kartenterminal über elektromagnetische Wellen. Zwar sind die von den schwachen Transpondern der Karte gesendeten Wellen nur in kurzer Distanz mit einfachen technischem Mitteln empfangbar, tatsächlich können diese aber auch aus größerer Distanz nachgewiesen und empfangen werden. [2] Aus diesem Grund entsteht für kontaktlose Chipkarten, die mit dem Terminal über Protokolle kommunizieren, deren Sicherheit auf einem vertraulichen Kommunikationskanal basieren, das Bedrohungsszenario des unbemerkten Abhörens, welches für kontaktbehaftete Chipkarten mit einem nicht manipuliertem Kartenterminal prinzipiell nicht existiert. Es werden also für kontaktlose Chipkarten stets geeignete kryptographische Protokolle benötigt, die einen vertraulichen Kanal zwischen zwei potentiell unbekannten Geräten herstellen können.

Alle Bedrohungsszenarien, die kontaktbehaftete Chipkarten sonst besitzen, lassen sich auch auf kontaktlose Chipkarten übertragen. Diese zielen darauf ab die zentrale Funktion der sicheren Aufbewahrung ein oder mehrerer **Sicherheitsobjekte** auf einer Chipkarte zu kompromittieren.

Die Sicherheitsobjekte sind im Chip oder im externen Speicher des Chips abgelegt. Ein Chip kann ein Sicherheitsobjekt absichern, indem der Chip vom Terminal den Beweis der Kenntnis eines weiteren Sicherheitsobjektes verlangt. Für den Beweis der Kenntnis eines Sicherheitsobjekts existieren drei Ansätze:

1. Das Terminal sendet das Sicherheitsobjekt über einen hinreichend sicheren Kanal an die

Karte.

2. Die Karte sendet eine Frage (engl. challenge), die vom Terminal nur mithilfe eines Sicherheitsobjektes beantwortet werden kann (Challenge-Response Protokoll).

3. Das Terminal beweist, dass es das Sicherheitsobjekt kennt, ohne dieses explizit zu erwähnen und ohne dass ein Angreifer Informationen über dieses erhält (Zero–Knowledge–Protokoll).

Ansatz 2 hat gegenüber Ansatz 1 den Vorteil, dass ein Angreifer durch Abhören des Kanals nicht direkt das Sicherheitsobjekt erfährt. Ein Challenge-Response Protokoll hat den Nachteil, dass das Sicherheitsobjekt bei geringer Entropie offline - durch Ausprobieren - ermittelt werden kann. Diese Schwachstelle wird von Zero–Knowledge–Protokollen beseitigt.

Die elektronische Versorgung der Karte über die Luftschnittstelle per Induktion verursacht zunächst Bedienbarkeitsprobleme: Die Stromversorgung ist im Gegensatz zu kontaktbehafteten Karten störungsanfällig, so dass kleine Bewegungen ausreichen, um Stromschwankungen in der Karte zu erzeugen, so dass Berechnungen im Chip fehlschlagen. Andere magnetische oder elektronische Geräte im Feld können die Stromversorgung ebenfalls stören und dafür sorgen, dass die Verbindung zwischen Terminal und Karte nicht zustande kommt oder nicht erfolgreich abgeschlossen werden kann.

Diese Möglichkeit die Stromversorgung des Chips zu steuern nutzen Angreifer aus, um Rückschlüsse auf die im Chip verarbeiteten Daten zu ziehen. Diese als Seitenkanalangriffe bekannten Bedrohungsszenarien, welche zuerst auf kontaktbehaftete Karten durchgeführt wurden, können darauf abzielen Informationen auf das im Chip gespeicherte Sicherheitsobjekt zu erhalten und unter Kenntnis des Sicherheitsobjekts den Chip zu fälschen oder zu kopieren.

Ein weiteres Bedrohungsszenario entsteht, wenn der beschreibbare Speicher der Karte nicht geschützt ist, und von außen ausgelesen werden kann. Findet der Angreifer temporäre Daten der in den Protokoll verwendeten Berechnungen, so könnte dies ermöglichen, dass Protokolle ohne Kenntnis des Sicherheitsobjekts abgeschlossen werden.

Ist das Auslesen des Speichers nicht möglich, könnte eine Überschreibung des Speichers den Effekt verursachen innere Sicherheitszustände zu verändern. Neben den Angriffen auf den beschreibbaren Speicher der Karte gibt es Angriffe die darauf abzielen die Authentisierungsmechanismen zu umgehen und Zugriff auf sensible Daten zu erlangen, indem gezielt Chiptransistoren oder -leitungen manipuliert werden. [2]

Weiterhin könnten beliebige physikalische Angriffe die Bestandteile der Chipkarte derartig beeinflussen, dass sie unzuverlässig arbeiten. Insbesondere für den in einer Chipkarte befindlichen Zufallsgenerator muss sichergestellt werden, dass die Zuverlässigkeit nicht durch derartige Angriffe beeinflusst werden kann. Ein Beispiel für die Konsequenz eines unzuverlässigen Zufallsgenerators zeigen wir in Abschnitt 2.3.6.

Neben den Angriffen auf die Chipkarte muss allerdings erwähnt werden, dass Kartenterminal und Software des Terminals ebenfalls eine große Angriffsfläche bilden. Die Angriffe auf Terminals und ihrer Software sind allerdings meist Terminalspezifisch und können in der Regel nicht auf alle Kartenterminals für eine bestimmte Karte verallgemeinert werden. Erfolgreiche Angriffe auf Kartenterminals und ihrer Software können durch Austausch dieser oder Einspielen von Updates verhindert werden und erfordern daher nicht den Austausch der Chipkarte. Der mit einem Fehler verbundene Imageverlust ist daher niedriger einzustufen, als der Fehler im Kartenbetriebssystem. Dennoch muss bei der Umsetzung eines sicheren Ausweisdokuments die Sicherheit und Qualität der Terminalsoftware genauso intensiv geprüft werden, wie die der

Chipkartensoftware.

2.2 Sicherheitsmechanismen nach EAC 1.11

Wie in der Einleitung dieses Kapitels beschrieben, dient EAC 1.11 nicht der Umsetzung eines elektronischen Identitätsnachweises, sondern einer elektronischen Integritätsprüfung des Ausweises, die einen weiteren Kopier- und Fälschungsschutz darstellt. Dennoch kritisieren Datenschützer diesen Sicherheitsmechanismus, da die Verwendung eines kontaktlosen Chips in Verbindung mit den Sicherheitsmechanismen nach EAC 1.11 problematisch sei [34]. Im Folgenden wollen wir kurz die Funktionsweise von EAC 1.11 erläutern und begründen, warum dieser Mechanismus für die Integritätsprüfung des elektronischen Personalausweises nicht in Frage kommt.

Zur Herstellung eines sicheren Kanals führen EAC 1.11 konforme Chips, wie der Chip des ePass, das Basic Access Control (BAC) Protokoll aus. Dieses leitet aus der Maschinenlesbaren Zone (MRZ), die auf einer Seite innerhalb des ePass menschenlesbar aufgedruckt ist, einen Schlüssel ab. In der MRZ sind Passnummer, Geburtsdatum und Ablaufdatum kodiert, so dass sich eine maximal Entropie von 50 Bit für den Schlüssel ergibt. Zusammen mit dem Wissen, wie sich aus diesen Daten der Kommunikationsschlüssel ableitet (was nach dem Kerckhoff Prinzip keine Erhöhung der Sicherheit darstellt), kann ein Terminal zu dem Chip einen sicheren Kanal aufbauen. Da zur Herstellung des Kanals das Öffnen des Ausweises und Scannen der MRZ notwendig ist, stellt das BAC Protokoll das Verhalten eines Grenzkontrollers nach. Kennt ein „Angreifer" die Passnummer, das Geburtsdatum und das Ablaufdatum und weiß zusätzlich, wo sich der Pass befindet, könnte er die Daten des Passes unbefugt auslesen. Dieses Szenario wird aber vom BMI als unwahrscheinlich erachtet[7].

Anfang 2006 ist eine Sicherheitslücke in dem Konzept der Schlüsselgenerierung gefunden worden. Die Entropie des Schlüssels kann von geplanten 50 Bit auf 35 Bit reduziert werden, da die Verteilungen der Passnummer und des Ablaufdatums zum Teil nicht statistisch unabhängig sind[38]. So kann das Protokoll eines abgehörten Dialogs zwischen Lesegerät und Karte innerhalb weniger Stunden durch Brute-Force entschlüsselt werden, ohne dass weitere Informationen über den Ausweisinhaber notwendig sind[4]. Das Mithören der Kommunikation zwischen Lesegerät und Pass ist aus eine Distanz von bis zu 10 Meter durchführbar[5]. Als Konsequenz werden nun in den betroffenen Ländern die Passnummern zufällig generiert.

Kann die Schlüsselentropie von 50 Bit garantiert werden, besitzt BAC die folgenden Eigenschaften:[36]

- Hohes Sicherheitsniveau gegen aktives Auslesen, da Brute-Force durch Chipgeschwindigkeit beschränkt wird.
- Mittleres Sicherheitsniveau gegen passives Mitlesen, wenn keine zusätzlichen Informationen über den Pass bekannt sind.
- Statischer Sessionkey gewährt keine Forward-Secrecy.

Aus diesen Eigenschaften folgt, dass für die nicht-öffentliche Nutzung eines Ausweises unter Verwendung von BAC und somit EAC 1.11, folgendes Bedrohungsszenarien entsteht: „Standortverfolgung" (engl. tracking) von Passbesitzern, indem unter Verwendung der MRZ der nach-

---

[4]http://www.heise.de/tp/r4/artikel/21/21907/1.html
[5]http://www.riscure.com/contact/privacy-issue-in-electronic-passport.html

zuverfolgenden Person versucht wird, zu jedem in der Nähe befindlichen Reisepass eine Verbindung herzustellen.

2.3 EAC 2.0 konforme Ausweisdokumente

EAC 2.0 umfasst die Spezifikation von drei Anwendungen: Die ePassport–, eID– und eSign–Anwendung, für dessen Nutzung die gegenseitige elektronische Authentisierung notwendig ist. Für die elektronische Authentisierung und die Anwendungen werden eine Reihe von Sicherheitsobjekten definiert. Die folgenden Sicherheitsobjekte können verwendet werden, um die Kommunikation mit dem Chip zu ermöglichen und das Terminal für bestimmte Funktionen zu autorisieren:

- Persönliche Geheimzahl (Personal Identification Number — PIN): Zum Beispiel 6 stellige Zeichenfolge, die nur dem Ausweisinhaber bekannt ist, und daher Voraussetzung für die elektronische Authentisierung ist.

- Kartenzugangsnummer (Card Access Number — CAN): Zum Beispiel 6 stellige Ziffernfolge, die auf dem Ausweis aufgedruckt ist.

- Maschinenlesbare Zone (Maschine Readable Zone — MRZ): Zum Beispiel 50 Bit lange alphanumerische Zeichenfolge, die auf dem Ausweis aufgedruckt ist, und nur für Kommunikation mit hoheitlichen Stellen verwendet werden darf.

- Persönliches Entsperrgeheimnis (Personal Unblocking Key — PUK): Zum Beispiel 44 Zeichen lange Ziffernfolge, die nur dem Ausweisinhaber bekannt ist. Diese kann vom Ausweisinhaber verwendet werden, um eine gesperrte PIN zu entsperren. Die PUK besitzt gegenüber den anderen Sicherheitsobjekten eine höhere Sicherheitsstufe.

Neben diesen Sicherheitsobjekten enthält der Ausweis einen privaten Schlüssel, mit dem er sich gegenüber einem Terminal authentisieren kann.

Auf dem Chip des Ausweises sind die personen- und dokumentenbezogenen Daten digital gespeichert. Abhängig von der Anwendung, die ein Terminal verwendet, können bestimmte personenbezogene Daten ausgelesen werden. Die Prüfung des Ablaufdatums des Ausweises ist jeder Anwendung gestattet. Hierfür übermittelt ein Terminal das aktuelle Datum und der Ausweis antwortet, nachdem der Verbindungsaufbau abgeschlossen wurde, mit der binären Information, ob das Datum vor oder hinter dem Ablaufdatum des Ausweises liegt. Es werden daher keine Auskünfte gegeben, wie lang genau der Ausweis noch gültig ist.

Im Folgenden geben wir eine Übersicht der Protokolle, die in der elektronischen Authentisierung durchgeführt werden und erläutern anschließend die Möglichkeiten der genannten Anwendungen.

2.3.1 Elektronische Authentisierung

Zur Herstellung eines sicheren Kanals über die Luftschnittstelle muss der EAC 2.0 konforme Chip zunächst mit dem Terminal das „Password Authenticated Connection Establishment"-Protokoll (PACE) durchführen, welches zu der Klasse der Zero–Knowledge–Protokollen gehört. Dieses Protokoll setzt Schritt 2 des einleitenden Beispiels auf Seite 7 um, da für den Verbindungsaufbau die Eingabe eines Sicherheitsobjektes durch den Ausweisinhaber benötigt wird. Anschließend übertragt das Terminal seine Zertifikatskette, die aus dem Berechtigungszertifikat und den Zertifikaten besteht, die die Karte benötigt, um die Gültigkeit des Berechtigungszertifikats zu überprüfen. Mit dem Protokoll der „Terminal Authentifcation" (TA) beweist das Terminal, dass es der Besitzer des übertragenen Berechtigungszertifikats ist. Die TA setzt die implizite Authentisierung (Schritt 1) des erwähnten Beispiels um. Anschließend prüft das Terminal zunächst die Integrität des auf dem Chip gespeicherten Schlüssel und dann die Authentizität des Chips, indem das Protokoll der „Chip Authentifikation" (CA) durchgeführt wird. Die CA setzt Schritt 3 und 4 der elektronischen Authentisierung um. Anschließend kann das Terminal die personenbezogenen Daten des Ausweises auslesen, für die er durch sein Zertifikat berechtigt ist (Schritt 5 des obigen Beispiels).

2.3.2 ePassport–Anwendung

Die ePassport–Anwendung ist ausschließlich für den hoheitlichen Gebrauch konzipiert. Der Ausweisinhaber kann die CAN an einem hoheitlichen Gerät eingeben, oder den Ausweis auf einen Scanner legen, der die MRZ automatisiert ausliest. Dieses gemeinsame Geheimnis wird für den Aufbau des sicheren Kanals im PACE Protokoll verwendet. Nach Abschluss der elektronischen Authentisierung kann das Terminal die personenbezogenen Daten auslesen, die in sogenannten Datengruppen gespeichert sind. Der Zugriff auf die Datengruppen Iris und Fingerabdrücke, sowie die Verwendung der anderen Anwendungen kann für bestimmte hoheitliche Terminals nicht erlaubt sein und wird im Berechtigungszertifikat festgelegt.

2.3.3 eID–Anwendung

Die eID–Anwendung kann über das Internet von nicht-öffentlichen und öffentlichen Diensten verwendet werden. Nachdem ein Dienst unter Verwendung der PIN oder CAN eine sichere Verbindung aufgebaut hat und die elektronische Authentisierung abgeschlossen ist, kann ein Dienst ebenfalls bestimmte Datengruppen auslesen. Der Unterschied besteht in den Berechtigungsdetails der Zertifikate. Ein eID–Dienst kann gezielt für bestimmte Funktionalitäten freigeschaltet werden, um beispielsweise lediglich ein einziges Datum auszulesen.

Zusätzlich besitzt die eID–Anwendung Funktionen, die aus bestimmten Datengruppen Informationen extrahieren, ohne dass das Terminal diese erhält. Die Funktionalität der „Altersverifikation" bestimmt, ob ein Datum vor oder nach der Datengruppe des Geburtsdatums liegt. Das Ergebnis der Prüfung ist daher nur „Der Geburtstag des Ausweisinhaber liegt hinter dem übergebenen Datum" bzw. „Der Geburtstag des Ausweisinhaber liegt nicht vor (also hinter oder gleich) dem übergebenen Datum", ohne dass das Terminal Kenntnis über das Geburtsdatum des Inhabers erlangt hat. Analog kann ein Terminal die Zugehörigkeit des Ausweisinhabers zu einer Meldestelle verifizieren. Das Terminal kann hierfür entweder eine vollständige Behördenkennzahl[6] an die Karte senden, die diese mit der auf dem Ausweis gespeicherten Behördenkennzahl vergleicht, oder einen Teil der Behördenkennzahl übermitteln, um nur zu überprüfen, ob es eine Teilübereinstimmung der Behördenkennzahl mit der auf dem Ausweis gespeicherten Behördenkennzahl gibt.

Mit der „Restricted Identifikation"–Funktionalität (RI) kann ein eID–Dienst eine pseudonyme Registrierung des Ausweisinhabers durchführen. Hier wird eine eindeutige, unumkehrbare ID aus der Kombination des Ausweises und des Dienstes erzeugt ohne personenbezogene Daten an den Dienst zu übertragen.

---

[6]Die vierstellige Behördenkennzahl definiert die Meldestelle, in der der Ausweisinhaber gemeldet ist.

In der eID–Anwendung können Signaturen für die eSign–Anwendung installiert werden. Da wir die eSign–Anwendung im Rahmen dieser Arbeit nicht untersuchen, verweisen wir an dieser Stelle für nähere Informationen zu den eSign spezifischen Funktionalitäten der eID–Anwendung auf die TR–03110 und die technische Richtlinie TR–03117[6].

2.3.4 eSign–Anwendung

Mit der eSign–Anwendung können die Ausweisinhaber eine qualifizierte Signatur erzeugen und somit Dokumente unterschrieben können. Im Rahmen dieser Arbeit wird diese Anwendung nicht im Detail beschrieben.

Im Folgenden beschreiben wir zunächst die zentrale Datenstruktur der erwähnten Berechtigungszertifikate, die eine zentrale Rolle im Testprozess einnehmen. Dann erläutern wir die Protokolle PACE, TA, CA und das Protokoll der RI.

2.3.5 Zertifikate

Ein Zertifikat im Sinne der TR–03110 beinhaltet zu einer Anwendung die spezifischen Berechtigungen, die sie von einer zur Zertifikatsausstellung legitimierten Instanz (im Folgenden „Aussteller") erhalten hat. Diese Berechtigungen definieren sowohl Datengruppen, die ausgelesen werden dürfen, als auch Funktionalitäten, die verwendet werden dürfen. Im Folgenden beschreiben wir den grundsätzlichen Aufbau der Zertifikate und die Hierarchie der Aussteller. Anschließend beschreiben wir im Detail die im Zertifikat auftretenden Felder und beschreiben ihre Funktion in der zu dem Zertifikat gehörenden Anwendung.

Da ein Kartenchip einen begrenzten Speicher und begrenzte Rechenkapazitäten besitzt[17], wurden so genannte „Card verifiable"–Zertifikate (CV) entwickelt, die mit geringem Ressourcenanspruch validiert werden können. Gegenüber X.509 Zertifikaten sind diese Zertifikate leichtgewichtiger und können mit wenigen kryptographischen Routinen validiert werden. Der grundsätzliche Aufbau der CV–Zertifikate ist Bestandteil der ISO 7816–8[19]. Die Hierarchie der Aussteller, sowie die anwendungsspezifischen Informationen sind in der TR–03110 spezifiziert.

Da im Rahmen der EAC 2.0 keine Verwendung von Zertifikatssperrlisten vorgesehen ist, wird die Möglichkeit korrumpierte Dienste zu sperren, indirekt über kurze Zertifikatsgültigkeitszeiträume gelöst. Ein Zertifikat besitzt daher eine begrenzte Gültigkeit, so dass jeder Zertifikatsinhaber nach Ablauf seines aktuellen Zertifikats ein neues Zertifikat von seinem Aussteller beantragen muss. Falls ein Zertifikatsinhaber durch sein Zertifikat zur weiteren Ausstellung von Zertifikaten berechtigt ist, kann dieser nur Zertifikate ausstellen, deren Gültigkeitszeiträume innerhalb seiner Zertifikatgültigkeit liegen (Schalenmodell, siehe [39]).

Die Hierarchie der Aussteller ist in der TR–03110 auf 2 Stufen beschränkt. Dabei darf nur die Wurzelinstanz – die „Country Verifying Certification Authority" (CVCA) – Zertifikate für sich selbst ausstellen und somit ihren eigenen Gültigkeitszeitraum verlängern. Bei der Auslieferung der Ausweise ist ein Zertifikat der CVCA vorinstalliert, so dass die Karte nur von dieser CVCA abgeleitete Zertifikate oder Verlängerungszertifikate dieser CVCA validieren kann. Die von der CVCA ausgestellten Zertifikate erhalten sogenannte „Document Verifier" (DV), die weitere Zertifikate an Dienste oder Behörden ausstellen kann. Da diese Instanzen nur durch ihr Zertifikat berechtigt ist, weitere Zertifikate auszustellen, kann die DV nicht ihre eigenen Zertifikate verlängern, sondern muss nach Ablauf ihres Zertifikats ein weiteres Zertifikat bei der CVCA beantragen. Die von der DV ausgestellten Zertifikate sind Berechtigungszertifikate, dessen Inhaber nicht zur Ausstellung weiterer Zertifikate berechtigt wird.

Um für einen Dienst, der sich über Berechtigungszertifikate gegenüber einer Karte ausweisen möchte, einen fließenden Übergang zwischen Ablauf- und Startdatum zweier aufeinanderfolgender Zertifikate zu ermöglichen, überschneiden sich die Zertifikatsgültigkeiten der Wurzelzertifikate um einen kurzen Zeitraum[7].

Die sich daraus ergebende Kette von Zertifikaten von einer CVCA zu einem Berechtigungszertifikat ist in Abbildung 2.1 dargestellt. Die sich aus dem Überschneidungszeitraum der Zertifikate ergebende Problematik für die Chipkarte beschreiben wir in Kapitel 2.3.7. Im Folgenden gehen wir nun auf die Details der einzelnen Zertifikatsfelder ein.

Ein Berechtigungszertifikat besitzt eine Gültigkeit von ungefähr 3 Tagen, ein „Document Verifier" Zertifikat sollte nicht eine Gültigkeit von einem Monat und ein CVCA Zertifikat nicht die Gültigkeit eines Jahres überschreiten. Die Gültigkeit des Zertifikats ist durch ein Start- und ein Enddatum im Zertifikat kodiert. Neben der Gültigkeit ist der Name des Zertifikatsinhabers im Feld „Certification Holder Reference" (CHR) kodiert. Falls das Zertifikat von einer CVCA ausgestellt wurde und somit die beglaubigte Instanz weitere Zertifikate ausgeben darf, enthält das Zertifikat einen öffentlichen Schlüssel, mit dem die von der Instanz ausgestellten Signaturen überprüft werden können. Dabei werden der Algorithmus und die Domainparameter zur Erstellung der Signatur verwendet, die im Zertifikat der CVCA ebenfalls im Feld des öffentlichen Schlüssel definiert sind. Auch jedes Berechtigungszertifikat besitzt einen öffentlichen Schlüssel, der in der „Terminal Authentisierung" dafür verwendet wird, den Besitz des Zertifikats zu beweisen. Im Abschnitt „TA im elektronischen Personalausweis" auf Seite 24 gehen wir auf die Validierung einer Zertifikatskette ein.

Der Name des Ausstellers ist im Feld „Certification Authority Reference" (CAR) kodiert, der mit dem CHR des Zertifikats übereinstimmt. Dessen öffentlicher Schlüssel erstellt die Signatur über das Zertifikat. Ein Zertifikat kann Zertifikatserweiterungen enthalten, die im wesentlichen aus Signaturen über bestimmte Informationen bestehen. Die Zertifikatserweiterungen enthalten beispielsweise die Signatur über die öffentlichen Schlüssel, die für die Restricted Identification verwendet werden dürfen, oder Signaturen über weitere den Inhaber beschreibende Informationen. Die Felder der Zertifikatserweiterung werden nicht von der Karte validiert, sondern müssen vom Terminal validiert werden, da die Karte das signierte Datum nicht kennt.

Das Certification Holder Authorization Template (CHAT)[8] definiert abhängig vom Anwendungstyp die vom Aussteller erteilten Berechtigungen des Inhabers. Dies ist das einzige Feld, welches die Anwendung (eID, ePassport, eSign) zu der das Zertifikat gehört und den „Typ" – im Folgenden bezeichnet als Rolle – des Zertifikatsinhabers (CVCA, DV oder Berechtigungszertifikat) definiert. Abhängig vom Anwendungstyp beschreiben wir in den folgenden Unterabschnitten den Aufbau der CHATs.

Da die Länge eines CVCA Zertifikats, das einen öffentlichen Schlüssel und die für den Signaturerstellungsalgorithmus notwendigen Domainparameter enthält, ungefähr 1 KByte groß ist, muss die Karte „Extended Length APDU" unterstützen, die in der ISO 7816–4 definiert sind[18].

---

[7]Die Verteilung der neuen Zertifikate und die Erzeugung der von diesem Zertifikat abgeleiteten Zertifikate darf nicht im voraus geschehen, da sonst der Zweck des Ersatzes einer Zertifikatssperrlistenprüfung entkräftet wäre.

[8]Der Datentyp des CHATs ist dereinzige Datentyp der Zertifikatsfelder, welcher noch nicht in die ISO 7816 aufgenommen wurde.

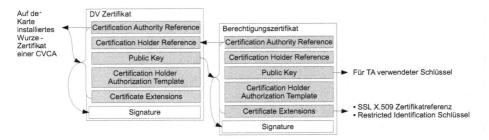

Abbildung 2.1: Schematische Darstellung der Zertifikate und Zertifikatsfelder. Ein Pfeil von einem Zertifikatsfeld zu einem weiteren Zertifikatsfeld definiert den im Text beschriebenen Zusammenhang dieser Felder. Eine geschweifte Klammer über Zertifikatsfelder zeigt, welche Elemente von einem Schlüssel signiert werden. Der zu der geschweiften Klammer führende Pfeil definiert entweder das Zertifikatsfeld, das den Schlüssel zur Erstellung der Signatur enthält, oder das Zertifikat, dass den Schlüssel enthält. Der von der geschweiften Klammer wegführende Pfeil definiert das Zertifikatsfeld, in dem die Signatur gespeichert wird.

Für jedes Feld des Zertifikat existieren Regeln und Kodierungen, die in der TR–03110 beschrieben sind. Abbildung 2.1 zeigt eine Übersicht der Zertifikate und den Zusammenhang zwischen den Feldern des Zertifikats.

ePassport CHAT

Der ePassport CHAT ist ein Byte lang. Darin kodieren die ersten beiden Bits die Rolle, die bei der ePassport–Anwendung „CVCA", „domestic DV", „foreign DV" und „Inspection System" lauten. Der Typ der DV gibt an, ob die Karte ihre innere Uhr abhängig vom Berechtigungszertifikat aktualisieren darf. In den darauffolgenden drei Bits kann im ePassport CHAT der Zugriff auf die eID–Anwendung und die Berechtigung des Zugriffs auf die Iris und Fingerabdrücke beschränkt werden. Die übrigen drei Bits sind noch nicht fest definiert und werden für zukünftige Zwecke reserviert.

eID CHAT

Der eID CHAT ist fünf Byte lang. Darin kodieren – wie auch bei der ePassport–Anwendung– die ersten beiden Bits die Rolle, die bei der eID–Anwendung „CVCA", „domestic DV", „non-domestic/commercial DV" und „Authentication Terminal" lauten. Weiterhin enthält der CHAT die Berechtigungen, ob bestimmte Datengruppen beschrieben (DG 17 bis 21, siehe [3]) oder gelesen (DG 1 bis 21, siehe [3]) und welche der speziellen Funktionen benutzt werden dürfen. Darin enthalten sind fünf Bits, die für zukünftige Zwecke reserviert sind.

2.3.6 Password Authenticated Connection Establishment

Ziel von PACE ist es, eine gesicherte Verbindung zwischen zwei Entitäten herzustellen, die nur ein gemeinsames Geheimnis – ein Passwort mit beliebiger Entropie – kennen. PACE wurde

1. $A \rightarrow B$: $c = E(f(Secret), n_A)$, D
2. $B \rightarrow A$: $P_B^1 = G * r_B^1$
3. $A \rightarrow B$: $P_A^1 = G * r_A^1$
4. $B \rightarrow A$: $P_B^2 = (G * n_A + P_A^1 * r_B^1) * r_B^2$
5. $A \rightarrow B$: $P_A^2 = (G * n_A + P_B^1 * r_A^1) * r_A^2$
6. $B \rightarrow A$: $s_B = Sign(P_A^2 * r_B^2, P_A^2)$
7. $A \rightarrow B$: $s_A = Sign(P_B^2 * r_A^2, P_B^2)$
8. A: Prüft, ob s_B gleich $Sign(P_B^2 * r_A^2, P_A^2)$
9. B: Prüft, ob s_A gleich $Sign(P_A^2 * r_B^2, P_B^2)$

Algorithmus 1: Password authenticated connection establishment

vom BSI im Jahre 2006 veröffentlicht[36]. Im Gegensatz zu existierenden Passwort-basierten-Authentisierungsprotokollen, wie B-SPEKE[21], steht PACE nicht unter Patentschutz und kann frei verwendet werden.

Im Folgenden beschreiben wir den Ablauf von PACE, der in 1 dargestellt ist, und beschränken uns auf die PACE Implementierung, die elliptische Kurven verwendet. Dabei setzen wir grundlegende Kenntnisse der Kryptographie und elliptischen Kurven voraus[15]. Wir verwenden folgende Notation:

A, B Teilnehmer des Protokolls, A ist der Initiator, B der Partner.

$E(x, y)$ Symmetrische Verschlüsselung von y mit dem Schlüssel x.

D Die in der Protokollinstanz zu verwendenden elliptischen Kurven Parameter.

G Basispunkt der verwendeten elliptischen Kurve.

$f(x)$ Eine beliebige unumkehrbare Abbildung.

n_x Eine von der Entität x generierte Nonce.

r_x^n Die n'te von der Entität x generierte Nonce.

P_x^n Der n'te öffentliche Schlüssel der Entität x.

$Sign(x, y)$ Signatur von Text y mit dem Schlüssel x auf der elliptischen Kurven D.

$X * y$ Skalare Multiplikation des elliptischen Punktes X mit y.

$X + Y$ Addition der elliptischen Punkte X und Y.

Im Schritt 1 sendet A eine Challenge zusammen mit den für den weiteren Protokollverlauf zu verwendenden Domainparameter. Die Challenge ergibt sich aus der Nonce n_A, die mit einem sich aus dem gemeinsamen Geheimnis ergebenden Schlüssel symmetrisch verschlüsselt wird. B kann die Challenge nur dann entschlüsseln, wenn B Kenntnis über das gemeinsame Geheimnis hat.

Anschließend einigen sich A und B im Schritt 2 und 3 durch einen anonymen elliptischen „Diffie-Hellmann" (DH) unter Verwendung eines zufällig gewählten Geheimnisses r_A^1 bzw. r_B^1 auf ein gemeinsames Geheimnis $K_1 = G * r_B^1 * r_A^1$. Wichtig hierbei ist die Tatsache, dass zwar A und B K_1 berechnen können, allerdings nicht auf das Geheimnis des Partners schließen können.

Auf Basis der im ersten Schritt übertragenen Nonce und dem gemeinsamen Geheimnis K_1 wird nun ein weiterer anonymer elliptischer DH im Schritt 4 und 5 durchgeführt, dessen Basispunkt sich aus der Summe: $G' = n_A * G + K_1$ ergibt. Da jede zyklische Untergruppe einer Gruppe, die eine Primzahlordnung hat, die gleiche Ordnung wie die ursprüngliche Gruppe besitzt[15], ist der Generator G' genauso stark wie G.

Die geringe Entropie von n_A, die sich direkt aus der Entropie des Geheimnisses ergibt, wirkt sich durch den zweiten DH und die Kombination mit dem eigenen Zufall r_A^2 bzw. r_B^2 nicht auf die Entropie der öffentlichen Schlüssel P_B^2 bzw. P_A^2 aus. Aus dem Punkt K_2 werden nun die Schlüssel für die Verschlüsselung und Signatur erzeugt.

Im Schritt 6 und 7 tauschen A und B Signaturen mit den aus K_2 gewonnenen Schlüsseln aus, um zu beweisen, dass sie das gemeinsame Geheimnis berechnen können.

Ziele von PACE

Nach Abschluss von PACE ist A überzeugt, dass es eine Entität B gibt, die mit A kommunizieren will und B das PACE Geheimnis kennt. B ist überzeugt, dass A eine Entität ist, die das gleiche Geheimnis kennt, dass B verwendet hat.

Für die weitere Kommunikation wurde für die Sitzung ein temporärer Schlüssel ausgehandelt, der ausschließlich den Kommunikationspartnern bekannt ist. Somit ist PACE ein Key Agreement Protokoll, welches Forward Secrecy leistet, da durch Kenntnis eines Sitzungsschlüssels keine anderen Sitzungen entschlüsselt werden können.

Wenn die m-stellige Zufallszahl n_A gleichverteilt auf dem Intervall $0..2^m - 1$ ist, ist auch c auf dem Intervall $0..2^m - 1$ gleichverteilt, da die symmetrische Verschlüsselung als pseudozufällige Abbildung angesehen werden kann. Somit ist es einem Angreifer durch Abhören eines Protokollablaufs nicht möglich, Informationen über das verwendete Geheimnis zu beziehen [36]. Ein Angreifer, der sich als Entität A oder B ausgibt, kann in jedem Protokollablauf nur genau ein Geheimnis testen. Er kann keine Rückschlüsse auf eine Menge von Geheimnissen ziehen, so dass das Protokoll ein Zero–Knowledge–Protokoll [36] ist.

Für das Protokoll werden derzeit formale Beweise erstellt, die zeigen, dass das Protokoll „sicher" ist und nicht durch bekannte Angriffe kompromittiert werden kann. Im Folgenden werden wir zeigen, welche Auswirkungen eine fehlerhafte Implementierung des Protokolls haben kann und definieren Angriffsvektoren, gegen die die Implementierung gesichert werden muss.

Angriff auf den Zufallsgenerator

Ein Angreifer kann das Ziel haben PACE erfolgreich abzuschließen, ohne das Geheimnis zu kennen. Auch wenn angenommen wird, dass PACE zu der Klasse der Zero–Knowledge–Protokollen gehört[9], ist zu überprüfen, ob über die verschlüsselte Nonce unter bestimmten Bedingungen Informationen auf das Geheimnis geschlossen werden könnte.

Ein Angreifer kann, solange er die Nonce nicht zufällig errät, durch Abhören der Challenge zunächst nicht direkt auf das PACE Geheimnis schließen, da die Nonce selbst eine zufällige Zeichenfolge ist, ist auch die zugehörige verschlüselete Nonce — die Challenge — eine zufällige Zeichenfolge. Besitzt der Angreifer aber bestimmte Informationen über den Aufbau der Nonce, könnte ein Angreifer das Geheimnis durch Brute–Force finden.

Abbildung 2.2 zeigt den Abbildungsprozess einer Challenge auf eine Nonce. Ein unzuverlässiger Zufallsgenerators bildet häufiger (im Sinne einer höheren Wahrscheinlichkeit) auf eine Teilmenge der Nonces ab, die hier als hellblaue Teilmenge dargestellt sind. Durch Berechnung

---

[9]Diese Aussage ist erst nach Abschluss des formalen Beweis möglich.

Unter Kenntnis von Informationen der von dem Nonce-Generator erzeugten Nonces, kann durch Brute-Force überprüft werden, welches Gehemnis zur Verschlüsselung der Nonce verwendet wurde.

Voraussetzung:

- **Anforderung 1**: Zuverlässiger Nonce–Generator, nicht erfüllt.

Angriff 1: Berechnung des Geheimnisses aus dem PACE Verlauf

Es muss sichergestellt werden, dass der Nonce-Generator nicht vorhersehbare Zeichenfolgen generiert. Auch unter Veränderung der äußeren physikalischen Bedingungen darf der Generator nicht (teil-)vorhersehbare Folgen erzeugen.

Anforderung 1: Zuverlässiger Nonce-Generator

des Urbildes einer Challenge und eines Geheimnisses kann überprüft werden, ob die zugehörige Nonce in der bevorzugten Menge enthalten ist. Ist die Signifikanz der bevorzugten Menge nur gering, so wird der Angriff durch Wiederholung des Versuchs (also unter Kenntnis mehrerer Challenges einer Karte und eines unzuverlässigen Zufallsgenerators) möglich.

Im Folgenden beschreiben wir ein Experiment, das diese Ergebnisse bestätigt. Hier sei $f(x_S)$ die Funktion, die die Anzahl von 1'en in der Binärdarstellung von x_S angibt, wobei sich x_S aus der symmetrischen Verschlüsselung von x mit S ergebe. Der Erwartungswert $E(f)$ bei einer gleich-verteilten Zufallsbinärzahl mit konstanter Länge beträgt $\frac{|x|}{2}$. Produziere nun ein Zufallsgenerator Zahlen dessen Erwartungswert bezüglich f erhöht ist. Nimmt man 100 der mit dem Geheimnis verschlüsselten „Zufallszahlen", die man von einem EAC 2.0 konformen Chip erhalten würde, und berechne das Urbild zu jedem möglichen Geheimnis (in diesem Fall betrachten wir das Geheimnis der PIN), so zeigt sich, dass die nicht zur Verschlüsselung verwendeten Geheimnisse durch die pseudo-zufällige Abbildung in der Nähe des Erwartungswerts liegen. Abbildung 2.3 zeigt die für 100 Wiederholungen empirisch ermittelte Abweichung $E(f(x_{PIN}))$ von $\frac{|x|*100}{2}$. In der Abbildung weicht ein Wert stark von dem Erwartungswert ab und tatsächlich wurden die Challenges von dieser PIN verschlüsselt. Daraus können wir ableiten, dass ein unzuverlässiger Zufallsgenerator Angriff 1 ermöglicht und somit ein akutes Bedrohungsszenario erzeugt.

Funktioniert der Nonce-Generator hingegen zuverlässig (Anforderung 1 erfüllt), kann der Angreifer unter der Annahme, dass die Verschlüsselung perfekt ist, keine Informationen über das verwendete Geheimnis beziehen.

Angriff 1 kann erschwert werden, indem ein Fehlbedienungszählers eingeführt wird. Ist der Fehlbedienungszähler erschöpft, so wird kein weiterer Verbindungsaufbau mehr zugelassen. Somit wird die Anzahl der verschlüsselten Nonces, die ein Angreifer von der Karte beziehen kann, nach oben hin beschränkt.

Anforderung 2 beschreibt wie ein grundsätzlicher Schutz des Geheimnisses umgesetzt werden kann. EAC 2 versieht nur die PIN mit diesem Schutz, dessen Zweck gleichzeitig dem Brute-Force der PIN entgegenwirkt. Dadurch entsteht die Möglichkeit eines Denial-of-Service Angriffes, in dem der Angreifer durch mehrfache Kontaktaufnahme die PIN sperrt. Aus diesem Grund wird für den letzten PIN Eingabeversuch die Eingabe der CAN verlangt.

Sobald der Fehlbedienungszähler der PIN erschöpft ist, lässt sich nur eine Verbindung mit der

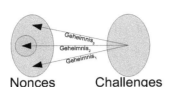

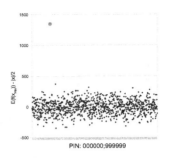

PIN: 000000;999999

Abbildung 2.2: Nonce Verschlüsselung mit unzuverlässigem Zufallsgenerator.

Abbildung 2.3: Versuchsauswertung mit unzuverlässigem Zufallsgenerator.

Bei jedem Beginn von PACE wird der Zähler für ein versuchten Verbindungsaufbau sofort erhöht, so dass ein Abbruch des Verbindungsaufbaus, nachdem B die verschlüsselte Nonce empfangen hat, bereits als ein fehlerhafter Verbindungsaufbau gezählt wird.

Anforderung 2: Abgebrochener Verbindungsaufbau.

CAN als PACE Geheimnis herstellen. Anschließend besitzt das Terminal einen weiteren Versuch, der entweder die PIN endgültig sperrt oder wieder freischaltet.

Angriff auf temporäre Daten des Protokolls

Ein weiteres Bedrohungsszenario entsteht, wenn ein Angreifer durch physikalische Angriffe lesenden Zugriff auf den beschreibbaren Speicher von A erhält und somit temporäre Daten eines Protokollablaufs lesen kann.

Im Folgenden beschreiben wir den Angriff, der entsteht, wenn B Kenntnis entweder von r_A^1 oder r_A^2 erlangt hat.

Im 2. und 3. Schritt einigen sich A und B mit einem anonymen elliptischen DH auf ein gemeinsames Geheimnis, welches nur die Kommunikationspartner kennen. Ein Angriff lässt sich konstruieren, wenn B entweder das Geheimnis r_A^1 oder das Produkt $r_B^1 * r_A^1$ kennt. Folgende Möglichkeiten existieren, dass B diese erhält:

- Mittels kryptoanalytischen Vorgehensweisen könnte B r_B^1 so wählen, dass B aus P_A^1 in effizienter Zeit r_A^1 berechnen kann[10].

- B ist in Besitz der Maschine, die A repräsentiert, und kann beliebige physikalische Angriffe auf diese ausführen.

- B weiß, dass A einen vorhersagbaren Zufallsgenerator benutzt.

Ist Anforderung 3 nicht und Anforderung 4 erfüllt, ergibt sich Angriff 2. Aus Gründen der Nachvollziehbarkeit verwenden wir den Wertebereich einer PIN. Tatsächlich ist dieser Angriff

---

[10]Nach jüngsten Erkenntnissen ist dieses Problem auf elliptischen Kurven genauso schwer, wie das DH Problem. Für PACE auf Basis von DH kann dieser Angriff auf Grund eventuell existierender kleiner Untergruppen nicht ausgeschlossen werden[26].

B kann nicht das erste Produkt $r_B^1 * r_A^1$ aus dem PACE Verlauf berechnen.

Anforderung 3: B kann nicht das erste geheime Produkt ermitteln.

A antwortet B zunächst mit seiner Signatur, ohne zuvor die erhaltene Signatur zu überprüfen. Die Überprüfung der erhaltenen Signatur findet erst nach Versand der eigenen Signatur statt. Aus Performancegründen ist eine derartige Implementierung möglich.

Anforderung 4: A überprüft die Signatur von B, nachdem A ihre übersendet hat.

auf jeden hinreichend kleinen Wertebereich anwendbar.

Nachdem B die Challenge von A erhalten hat, berechnet B durch Entschlüsselung mit allen möglichen Geheimnissen die Menge der in Frage kommenden Nonces. Sei also n_A^i die Nonce, die entstehen würde, wenn die Challenge c mit dem Geheimnis i entschlüsselt wird. Dann übermittelt B in Schritt 4 den öffentlichen Punkt:

$$P_B^2 = G * \prod_{i=000000}^{999999} (r_B^1 * r_A^1 + n_A^i)$$

Der öffentliche Punkt von A nach Schritt 5 lautet:

$$P_A^2 = G * (r_B^1 * r_A^1 + n_A^{PIN}) * r_A^2$$

A multipliziert nun P_B^2 mit seinem Geheimnis r_A^2, so dass sich K_2 für A wie folgt ergibt:

$$K_2 = P_B^2 * r_A^2 = G * \prod_{i=000000}^{999999} (r_B^1 * r_A^1 + n_A^i) * r_A^2$$

Anschließend sendet B eine zufällige und demnach nicht korrekte Signatur an A.

Da A nach Anforderung 4 mit der korrekten Signatur antwortet, kann B nun anhand der korrekten Signatur überprüfen, welche PIN tatsächlich von der Karte benutzt wurde, um die Challenge zu entschlüsseln. Dafür generiert das Terminal zu jeder PIN k die Signatur K_2^k. Unter diesen befindet sich die von der Karte generierte Signatur.

$$K_2^k = P_A^2 * \prod_{i=000000}^{k-1} (r_B^1 * r_A^1 + n_A^i) * \prod_{i=k+1}^{999999} (r_B^1 * r_A^1 + n_A^i)$$

$$= G * r_A^2 * \prod_{i=000000}^{k-1} (r_B^1 * r_A^1 + n_A^i) * (r_B^1 * r_A^1 + n_A^{PIN}) * \prod_{i=k+1}^{999999} (r_B^1 * r_A^1 + n_A^i)$$

Für K_2^{PIN} folgt nun direkt die Gleichheit zu K_2. Somit lässt sich die von A verwendete PIN berechnen.

Ist B das zweite Geheimnis r_A^2 bekannt, kann B ebenfalls auf das Geheimnis von A schließen.

Falls das Produkt $r_B^1 * r_A^1$ bekannt ist, kann ein Kommunikationspartner nach einem PACE Durchlauf die PIN der Karte aus der Signatur von Schritt 7 berechnen.

Voraussetzungen:

- **Anforderung 3:** B kann nicht das erste geheime Produkt ermitteln, nicht erfüllt.
- **Anforderung 4:** A überprüft die Signatur von B, nachdem A ihre übersendet hat.

Angriff 2: Exakte Berechnung der PIN mit einem Fehlversuch.

B kann nicht das zweite Geheimnis von A r_A^2 aus dem PACE Verlauf berechnen.

Anforderung 5: Das zweite Geheimnis des PACE Verlaufs ist nicht berechenbar.

Falls das Geheimnis r_A^2 bekannt ist, kann B das Geheimnis von A aus dem zweiten öffentlichen Punkt berechnen.

Voraussetzungen:

- **Anforderung 5:** Das zweite Geheimnis des PACE Verlaufs ist nicht berechenbar, nicht erfüllt.

Angriff 3: PIN Berechnung mit Hilfe des zweiten Geheimnis der Karte

Dafür berechnet B die Menge der möglichen G' und prüft die Gleichheit zu P_A^2 analog dem obigen Verfahren.

Angriff 2 kann außerdem auf A übertragen werden, so dass Anforderung 4 nicht erfüllt sein muss.

Es folgt, dass ein akutes Bedrohungsszenario entsteht, sobald eine temporäres Datum (also Anforderung 3 oder 5 erfüllt) bekannt ist oder ausgelesen werden kann.

PACE im elektronischen Personalausweis

Ein Terminal, welches mit einem EAC 2.0 konformen Ausweis Kontakt aufnehmen möchte, muss mit diesem PACE in der Rolle B abschließen. Für den initialen Verbindungsaufbau sendet das Terminal zunächst nach ISO 7816 ein Reset an die Karte. Nach Empfang des ATR sendet das Terminal ein ISO 7816-4 konformes „Manage security environment: Set Authentication Template" (MSE:Set AT) Paket, welches nach EAC 2.0 dafür konzipiert ist PACE zu initialisieren. In diesem Kommando kann im Datenteil definiert werden, welches Geheimnis für PACE verwendet werden soll: Es kann zwischen MRZ, CAN, PIN, PUK gewählt werden.

Im „MSE:Set AT"–Kommando muss außerdem ein Certificate Holder Authorization Template (CHAT) übertragen werden, falls das Terminal im weiteren Verlaf eine bestimmte Applikation verwenden möchte. Dieser CHAT ergibt sich aus dem CHAT des Berechtigungszertifikats, der vom Ausweisinhaber über eine graphische Schnittstelle eingeschränkt werden kann[9].

Das Terminal kann im „MSE:Set AT"–Kommando die für PACE zu verwendenden Domainparameter wählen, da auf der Karte mehrere Domainparameter installiert sein können. Dafür liest das Terminal die Datei „EF.CardAccess" der Karte, die die verfügbaren Domainparameter enthält. Falls die Karte mehr als einen Satz von Domainparametern zur Verfügung stellt, ist dieser Parameter Pflicht. Sonst werden implizit die Domainparameter verwendet, die in der „EF.CardAccess" aufgeführt sind. Die Domainparameter enthalten die Parameter der zu verwendenden elliptische Kurve, sowie den Basispunkt G für einen DH.

Ist das verwendete Geheimnis die PIN, so ergeben sich folgende Antwortmöglichkeiten der Karte auf das „MSE:Set AT"–Kommando:

- Die PIN ist deaktiviert, d.h. der Besitzer hat die Verwendung der Authentisierungsfunktion verboten.

Schritt	Command APDU (Terminal)	Response APDU (Karte)
1	„MSE:Set AT": • Algorithmus: PACE • Referenz von Domainparametern, die auf der Karte gespeichert sind. (Schritt 1) • PACE Secret • CHAT	**Falls** PACE Secret = PIN: „Fehlbedienungszählerstand" oder „Gesperrt" **Sonst** Bestätigung
2	„General Authenticate"	Verschlüsselte Nonce (Schritt 1)
3	„General Authenticate": • Ephemeral key (Schritt 2)	Ephemeral key (Schritt 3)
4	„General Authenticate": • Ephemeral key (Schritt 4)	Ephemeral key (Schritt 5)
5	„General Authenticate": • Authentication Token (Schritt 6)	Authentication Token (Schritt 7)

Tabelle 1: Abbildung von PACE auf ISO 7816 APDU Kommandos.

• Es wird eine Warnung ausgegeben, die den Stand des Fehlbedienungszählers der PIN enthält.

Neben diesen gültigen Warnungen existieren eine Reihe von Fehlermeldungen, die sich auf ungültige Werte der weiteren möglichen Parameter beziehen, auf die wir an dieser Stelle nicht weiter eingehen und auf die TR–03110 verweisen[3].

Das eigentliche Protokoll (Schritt 1–7) wird mit den Paketen des Typs „General Authenticate" umgesetzt, dessen Aufnahme in die ISO 7816 noch nicht abgeschlossen ist[11]. Das Terminal sendet ein „General Authenticate" mit leerem Datenfeld, was die Karte mit der verschlüsselten Nonce aus Schritt 1 des Algorithmus beantwortet. In den folgenden Schritten tauschen Terminal und Karte die öffentlichen Schlüssel der Schritte 2, 3 und 4, 5 aus. Dabei unterscheiden sich die Pakete im Prefix des Datenfeldes.

Anschließend werden die Signaturen ausgetauscht, die in der TR–03110 als „Authentication Token" bezeichnet werden. Falls die Karte das Authentication Token des Terminals akzeptiert, beantwortet die Karte dieses Paket mit dem eigenen Authentication Token. Falls im „MSE:Set AT"–Kommando ein CHAT angegeben wurde, gibt die Karte außerdem die für die Anwendung des CHATs installierten Zertifikatsnamen zurück. Anschließend wird auf Basis des ausgehandelten Schlüssels Secure Messaging nach ISO 7816 gestartet.

Tabelle 1 zeigt die Abbildung des PACE Protokolls auf ISO 7816 Pakete nach EAC 2.0 in der Übersicht. Nachdem das Protokoll abgeschlossen wurde, starten Terminal und Karte das Secure Messaging auf Basis des ausgehandelten Punktes $P_B^2 * r_A^2 = P_A^2 * r_B^2$.

---

[11] Stand Juni 2008

1. $A \rightarrow B$: *Einspielen eines Zertifikats*
2. *B prüft Zertifikat*
3. $A \rightarrow B$: *Get Challenge*
4. $B \rightarrow A$: *Challenge r_{PICC}*
5. $A \rightarrow B$: *Erstellen einer Signatur mit dem privaten Schlüssel des Zertifikats auf r_{PICC}*
6. *B prüft Challenge*

Algorithmus 2: Terminal Authentification

2.3.7 Terminal Authentication

Das Protokoll der Terminal Authentication ist ein Challenge-Response Protokoll, in dem A die Kenntnis eines privaten Schlüssels beweist, der zu dem öffentlichen Schlüssel eines vorher eingespielten Berechtigungszertifikats gehört.

Ziele von TA

Die Terminal Authentisierung repräsentiert Schritt 1 des einleitenden Beispiels auf Seite 7. Bei der elektronischen Authentisierung überträgt der Dienst sein Berechtigungszertifikat. Damit die Karte dieses Zertifikat validieren kann, muss das Terminal die Zertifikate übertragen, die eine Verbindung zwischen dem installierten Wurzelzertifikat und dem Berechtigungszertifikat herstellen. Dieses Protokoll besitzt besonders hohe Qualitätsziele, da Fehler in diesem Protokoll die Datensicherheit des Ausweisinhabers gefährden.

TA im elektronischen Personalausweis

Voraussetzung für die TA ist die Übertragung eines CHATs im ersten Schritt von PACE. Dadurch erhält das Terminal in der Antwort des letzten „General Authenticate"-Kommandos von PACE die CHRs der auf der Karte installierten Wurzelzertifikate. Die Anzahl der installierten Wurzelzertifikate beträgt maximal 2.

Die Begründung für die Anzahl der Wurzelzertifikate ergibt sich daraus, dass Wurzelzertifikate einen Überschneidungsraum besitzen müssen, um administrativ einen Übergang der Zertifikatsverteilung zu ermöglichen. Durch diesen Überschneidungszeitraum entsteht allerdings die Möglichkeit, dass die Speicherung beider Wurzelzertifikate notwendig ist, um alle drei Szenarien die es in diesem Überschneidungszeitraum gibt, wie in Abbildung 2.4 dargestellt, abzudecken. Da die Gültigkeitsintervalle dem Schalenmodell folgen, ist es nicht möglich, dass sich ein DV Zertifikat über beide Enden des Überschneidungszeitraums der Wurzelzertifikate erstreckt.

Im Folgenden beschreiben wir die Abbildung der TA auf die Pakete der TR–03110. Die Einspielung eines einzelnen Zertifikats wird über das ISO 7816 Paket „Manage Secruity Environment: Digital Signature Template" („`MSE:Set DST`") angekündigt. In diesem Kommando wird der CHR des Zertifikats kodiert, der das Zertifikat signiert hat. Das Zertifikat wird nach der Empfangsbestätigung der Karte in einem „Perform Security Operation: Verify Certificate" („`PSO: Verify Certificate`") Paket übertragen. Dieses Paket enthält den Zertifikatskörper und die Signatur des Ausstellers.

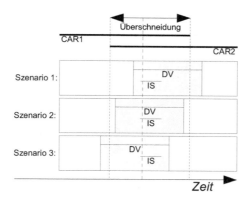

Abbildung 2.4: Mögliche Szenarien von Gültigkeitsintervallen, die im Überschneidungszeitraum der CVCA Zertifikate liegen. Obwohl das derzeitige Datum bereits im Gültigkeitsbereich von CHR2 liegt, muss die Karte CHR1 auf Grund von Szenario 3 weiterhin speichern.

Schritt	Command APDU (Terminal)	Response APDU (Karte)
1	„MSE:Set DST": • Signatur des Zertifikats • Referenz der Certification Holder Authority des im Anschluss eingespielten Zertifikats	Bestätigung
2	„PSO: Verify Certificate": • Zertifikatskörper	Bestätigung **oder** Zertifikat konnte nicht eingespielt werden

Tabelle 2: Zertifikatseinspielung

In der Tabelle 2 zeigen wir den Ablauf einer Zertifikatseinspielung, welches Schritt 1 und 2 der TA entspricht.

Sobald das Terminal alle Zertifikate eingespielt hat, beginnt der zweite Teil des Protokolls der TA, in der das Terminal den Besitz des Zertifikats durch Kenntnis des zu dem öffentlichen Schlüssel gehörenden privaten Schlüssels beweist (Schritt 3-6 des Protokolls).

Zunächst kündigt das Terminal die TA an, in dem es das „MSE:Set AT"-Kommando überträgt. Im Datenteil des Kommandos kündigt das Terminal das Zertifikat, für welches der Besitz bewiesen werden soll, durch den CHR des Zertifikats an. Außerdem muss das Terminal den „Ephemeral Key" P_A^2 bzw. P_B^2 aus dem PACE Verlauf selektieren, auf welchem die TA basieren soll. Dieser Parameter ist notwendig, falls PACE mehrfach durchgeführt wurde und somit nicht klar ist, welcher CHAT für die Authentisierung verwendet werden soll. Beispielsweise muss PACE zweimal durchgeführt werden, wenn der Fehlbedienungszähler der PIN erschöpft ist und zunächst ein PACE Durchlauf mit der CAN durchgeführt werden muss. Weiterhin enthält das Kommando die für die speziellen Funktionalitäten notwendigen Daten der Altersprüfung, Be-

Schritt	Command APDU (Terminal)	Response APDU (Karte)
1	„MSE:Set AT": • TA • Referenz des Zertifikats, dessen Besitz bewiesen werden soll • Ephemeral Key des Terminals aus dem PACE Ablauf • Auxillary Data für Dokumentengültigkeitsprüfung, Behördenkennzahlprüfung oder Altersprüfung	Bestätigung
2	„Get Challenge" (Schritt 3)	Challenge (Schritt 4)
3	„External Authenticate": • Signatur (Schritt 5)	Bestätigung **oder** Ungültige Signatur, Zertifikat nicht für TA verwendbar

Tabelle 3: Terminal Authentisierung

hördenkennzahlprüfung und Dokumentengültigkeitsprüfung.

Das ISO 7816 Kommando „Get Challenge" wird verwendet, um die Challenge r_{PICC} der Karte zu erhalten. Nachdem das Terminal aus der Challenge und dem privaten Schlüssel des Zertifikats einen Schlüssel erstellt hat, berechnet sie nun die Signatur über folgende Felder:

- Challenge der Karte.
- Comp(PK_{PICC}) aus dem PACE Verlauf.
- Die Auxillary Data, die im „MSE:Set AT" übermittelt wurden.

Diese Signatur sendet das Terminal über ein „External Authenticate" an die Karte, welche entweder die Signatur akzeptiert oder ablehnt.

Die Tabelle 3 zeigt die Umsetzung des zweiten Teils der TA in der Übersicht.

2.3.8 Chip Authentication

Das Protokoll der Chip Authentication ist ein statischer DH, in der A einen öffentlichen Schlüssel von B selektiert dessen Besitz von B durch Kenntnis des zugehörigen privaten Schlüssels bewiesen werden soll. Dafür sendet A einen vorübergehenden Schlüssel, der sich aus dem öffentlichen Schlüssel ergibt. B berechnet eine Signatur, dessen Schlüssel sich aus dem vorübergehenden Schlüssel, dem privaten Schlüssel und einer selbst erstellten Challenge ergibt. Sowohl Challenge als auch Signatur sendet B an A. Im Gegensatz zur TA beweist hier der Partner die Kenntnis eines privaten Schlüssels, der zusätzlich seine eigene Challenge bestimmt.

---

1. $A \rightarrow B$: *Öffentlicher Schlüssel, Vorübergehender Schlüssel*
2. $B \rightarrow A$: r_{PICC}, *Signatur*

Algorithmus 3: Chip Authentication

Schritt	Command APDU (Terminal)	Response APDU (Karte)
1	„MSE:Set AT": • CA • Referenz des Schlüssels, dessen Besitz bewiesen werden soll	Bestätigung
2	„General Authenticate": • Vorübergehender öffentlicher Schlüssel (Schritt 1)	Challenge und Signatur (Schritt 2)

Tabelle 4: Chip Authentication

Ziele von CA

Das Ziel der CA ist der Beweis, dass A den privaten Schlüssel zu einem öffentlichen Schlüssel kennt. Falls dieser öffentliche Schlüssel auf der Karte durch den Ausweisaussteller signiert vorliegt, bedeutet der erfolgreiche Abschluss des Protokolls zwischen Terminal und Karte, dass der Chip echt und nicht gefälscht ist.

Der Hintergrund davon, dass nicht das Terminal die Challenge bestimmt, sondern die Karte selbst die Challenge wählt, ist der Schutz der Privatsphäre des Ausweisinhabers. Eine Challenge kann semantische Informationen enthalten, so dass ein kompromittiertes Terminal einen Chip individuellen Schlüssel, Ort und Zeit in der Challenge kodieren könnte und so auf Grund der digitalen Signatur beweisen kann, dass ein bestimmter Ausweis zu einem bestimmten Zeitpunkt an einem bestimmten Ort war. Dieser Angriff wird unter „Challenge Semantics" in der Technischen Richtlinie näher beschrieben.

CA im elektronischen Personalausweis

Das Protokoll wird – wie auch PACE und TA – durch ein „MSE:Set AT"–Kommando initialisiert. Als Parameter übermittelt das Terminal die Referenz des Schlüssels, für den die Karte die Kenntnis des privaten Schlüssels beweisen soll. Im Datenteil des GA überträgt das Terminal seinen vorübergehenden Schlüssel und erhält als Antwort die Challenge und Signatur der Karte.

Die Tabelle 4 zeigt die CA in der Übersicht.

2.3.9 Restricted Identification

Die Funktionalität der Restricted Identification ermöglicht die pseudonyme Registrierung eines Ausweises bei einem Dienst. Hier wird unter Verwendung eines in den Zertifikatserweierun-

Schritt	Command APDU (Terminal)	Response APDU (Karte)
1	„MSE:Set AT": • RI • Referenz auf einen Sektorschlüssel der Zertifikatserweiterungen, aus dem das Pseudonym erzeugt werden soll	Bestätigung
2	„General Authenticate": • Sector Public Key	Restricted Identity

Tabelle 5: Restricted Identification

gen signierter Sektorschlüssel und einem auf dem Chip gespeichertem privaten Schlüssel ein Pseudonym generiert, aus dem sich keinerlei Informationen des Passinhabers ableiten lassen, aber dennoch eine eindeutige Identifikation ermöglicht.

Ziele von RI

Mittels der Pseudonymen Registrierung können Ausweise von einem Dienst zweifelsfrei wiedererkannt werden, ohne dass personenbezogene Informationen an den Dienst übermittelt werden. Prinzipiell kann diese Funktionalität Benutzername/Passwort-Kombinationen ablösen.

RI im elektronischen Personalausweis

Das Protokoll entspricht dem Protokoll der CA, abgesehen davon, dass in der Antwort der Karte keine Challenge gesendet wird und dementsprechend der Schlüssel unter festgelegten Eingabebedingungen gleich bleibt.

3 Prüfmethoden

In diesem Kapitel zeigen wir unterschiedliche Vorgehensweisen eine Software oder einen Teil einer Software zu prüfen. Es existieren viele Prüfmethoden, die in der Literatur nicht eindeutig klassifiziert sind.

In dieser Arbeit verwenden wir die Prüfmethodenklassifikation von Liggesmeyer, der eine Hierarchie der Prüfmethoden liefert, die diese zunächst in statische und dynamische Techniken unterteilt. Die statischen Prüfmethoden gliedern sich weiter in analysierende und verifizierende Techniken und die dynamischen Prüfmethoden in strukturorientierte, funktionsorientierte und diversifizierende Techniken, siehe Abbildung 3.1[25].

Diese Hierarchie hat den Vorteil, dass die meisten Prüfmethoden eindeutig einer Kategorie zugeordnet werden können, auch wenn bestimmte Methodologien streng genommen zu mehreren Kategorien gehören.

In diesem Kapitel beschreiben wir die Prüfmethodenklassifikation und erläutern die Prüfmethoden, die wir in der Prüfstrategie anwenden oder in unsere Diskussionen einbeziehen. Insbesondere die funktionsorientierten Verfahren sind Bestandteil der in dieser Arbeit vorgestellten Prüfstrategie und werden daher im Detail betrachtet.

3.1 Statische Prüfmethoden

Die statischen Prüfmethoden verlangen keine Ausführung der Software, sondern prüfen das System auf Basis seiner Definition. In jeder Phase der Softwareentwicklung können die Spezifikationen, Anforderungen und Quellcodes mit statischen Prüfmethoden geprüft werden. Ergebnis einer statischen Prüfmethode ist die Erkenntnis, dass das geprüfte Objekt eine bestimmte Eigenschaft besitzt. Im Folgenden erläutern wir zunächst zwei analysierende Prüfmethoden und gehen anschließend nur kurz auf die verifizierende Prüfmethode ein, da wir sie dieser Arbeit nicht verwenden.

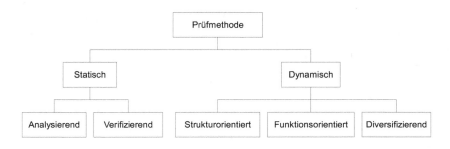

Abbildung 3.1: Prüfmethodenklassifikation nach Liggesmeyer

Das Ergebnis einer statischen Analyse während der Implementierungsphase kann die Identifikation von fehleranfälligen Bereichen sein. Es ist anzunehmen, dass die Suche nach fehleranfälligen Bereichen und die Reduzierung der Fehleranfälligkeit durch Umstrukturierung, intensivem Test oder Dokumentation sinnvoll ist, da auf diesen Bereichen aufbauende Entwicklungen erleichtert werden. Diese Form der Qualitätssicherung ist daher eine Fehlerpräventionsmaßnahme.

Die zyklomatische Komplexität bewertet die Komplexität eines Quelltextes. Sie gibt die minimale Anzahl von den Ausführungspfaden an, die jeden beliebigen Ausführungspfad darstellen können, und ist proportional zu der Anzahl der logischen Verzweigungen in diesem Quelltext. Eine hohe zyklomatische Komplexität deutet auf eine hohe Komplexität des Abschnittes hin, welche häufig durch schlechte Programmierung erzeugt wird[29]. Falls Erweiterungen eines „komplexen" Abschnitts (im Sinne einer hohen zyklomatischen Komplexität) notwendig sind, muss ein Entwickler zunächst den Abschnitt vollständig nachvollziehen, um alle Seiteneffekte zu beachten, die durch die unterschiedlichen Ausführungspfade existieren. Dieser Prozess ist nicht nur aufwendig, sondern wiederum fehleranfällig. Wenn ein Fehler in einem komplexen Abschnitt gefunden wurde, ist daher die Wahrscheinlichkeit einen Folgefehler bei der Korrektur zu erzeugen hoch.

Häufig lässt sich die zyklomatische Komplexität durch wenige Änderungen verringern. Dadurch erhöht sich die Wartbarkeit und Transparenz der Gesamtsoftware. Verschiedene Werkzeuge berechnen automatisiert die zyklomatische Komplexität einer Methode und ermöglichen so gezielte Verbesserungsmaßnahmen.

Dass Quellcode mit einer hohen zyklomatischen Komplexität fehleranfällig ist, belegt die Studie von Robert B. Grady aus dem Jahr 1994[11]. Im Rahmen der Studie wurde der Quelltext eines abgeschlossenem Fortran-Projektes und den zugehörigen Versionierungsdaten untersucht.

Es stellte sich dabei heraus, dass in Quelltextabschnitten mit hoher zyklomatischer Komplexität die Anzahl der im Projektverlauf durchgeführten Änderungen ebenfalls hoch ist. Auf Grund dieser Erfahrung schlägt Grady vor eine anwendungstypabhängige maximale zyklomatische Komplexität festzulegen, so dass Abschnitte, die diesen Wert überschreiten, umgeschrieben werden müssen.

Im Gegensatz dazu zeigt eine Studie aus dem Jahr 2000, dass die Annahme fehleranfälliger Quellcode besitze eine hohe zyklomatische Komplexität nur bedingt nachweisbar ist. Nach der Studie sei die Metrik der zyklomatischen Komplexität ein ähnlicher Indikator für Komplexität, wie die Gesamtanzahl der Quelltextzeilen. Dennoch befürworten die Autoren der Studie die Verwendung von Komplexitätsmetriken, da die Reduzierung von „unnötiger" Komplexität die Wart- und Reparierbarkeit erhöht[10].

Zu den analysierenden Prüfmethoden zählen weiterhin die nicht automatisierbaren Review- und Inspektionstechniken, wie zum Beispiel der „Walkthrough". Hier stellt der Autor eines Prüfobjekts einem Gutachter seine Arbeit Schritt für Schritt vor. Der Autor wird vom Gutachter „in die Mangel genommen", der dadurch in die Lage versetzt wird, sich in die Perspektive des Gutachters zu versetzen. Durch den Perspektivwechsel und die Kommunikation werden in der Regel Fehler, Unklarheiten oder Inkonsistenzen aufgedeckt.

Aussagen über die Effektivität der Inspektionstechniken im Allgemeinen liefert eine Studie von HP aus dem Jahre 1990. Im Rahmen der Studie wurde unter Verwendung verschiedener Prüfmethoden die Anzahl der gefunden Fehler pro Stunde gemessen. Es stellte sich dabei heraus, dass durch die Inspektionstechniken eine signifikant höhere Anzahl von Fehlern pro Stunde gefunden wird, als durch jede andere Prüftechnik[11].

Neben der statischen Analyse zählt Liggesmeyer die Verifikation zu der statischen Prüfmethode. Die Verifikation ist die einzige Prüfmethode, die die tatsächliche Korrektheit eines formal definierten Prüfobjekts beweist und ist die einzig praktikable vollständige Prüftechnik.[1] In der Praxis kann diese Prüfmethode auf Grund des hohen Aufwands nur für kleine Teilsysteme durchgeführt werden.

Die in dieser Arbeit entwickelte Prüfstrategie enthält implizit in der Anforderungsanalyse verschiedene statische Prüfmethodenelemente. Da der Prüfer zunächst beim Modellieren des Systems die Anforderungen und Lasten analysiert und den Autoren Rückfragen stellt, wird in dieser Phase eine statische Analyse der Anforderung durchgeführt, die mit dem „Walkthrough" vergleichbar ist. Zwar werden in der Regel nur wenige „echte" Fehler gefunden, aber das Aufdecken von Inkonsistenzen und ungenauen Begrifflichkeiten verhindern im Vorfeld das Entstehen weiterer Fehler und verringern die Einarbeitszeit neuer Mitarbeiter oder anderer Prüfer.

3.2 Dynamische Prüfmethoden

> „Testing is the process of executing a program with the intent of finding errors."
>
> The Art of Software Testing, [31]

Die dynamischen Prüfmethoden untersuchen das Verhalten der Software und erfordern daher die Ausführung dieser. Die Ausführungen werden in Abläufen beschrieben, die Aktionen und erwartete Ergebnisse der Software definieren. Diese Abläufe werden in der Literatur mit Prüffall, Test, Testfall oder Testszenario bezeichnet. In dieser Arbeit verwenden wir die Begriffe Test und Testfall. Die Autoren der Tests werden mit Testentwickler oder Prüfer bezeichnet. Eine Menge von Tests ist eine Testspezifikation.

Das Ziel der dynamischen Methodologien ist das Entwerfen von Tests, die - wie bereits in Kapitel 1 erwähnt - nicht die Korrektheit oder Fehlerfreiheit des Prüfobjekts zeigen, sondern versuchen Fehlverhalten zu erzeugen und somit die Existenz von Fehlern beweisen. Ein „guter" Test ist ein Test, der eine hohe Wahrscheinlichkeit besitzt ein Fehlverhalten im Prüfobjekt zu erzeugen. Grundsätzlich erhöht sich diese Wahrscheinlichkeit, indem möglichst viele Bereiche der Software durch einen Test „berührt" werden. Ein Maß für die „Qualität" von Tests ist die Abdeckung der für das Prüfobjekt vorliegenden Grundlagen.

Um das Ziel zu erreichen, Fehlverhalten im Prüfobjekt zu finden und eine hohe Abdeckung des Prüfobjekts zu erzielen, kann die folgende allgemeine Aussage getroffen werden: Die Tatsache ob der Autor der Tests auch Entwickler des Testobjekts ist, hat entscheidenden Einfluss auf die Qualität der Tests[31].

Es zeigt sich, dass der Autors eines Prüfobjekts eine andere Herangehensweise verwendet, um Tests zu erstellen, als ein vom Prüfobjekt unbefangener Testentwickler. Die Autoren des Prüfobjekts versuchen die Funktionalität des Softwareteils zu demonstrieren, aber nicht Fehlverhalten im Prüfobjekt aufzudecken. Grund hierfür ist nach [31] die unbewusste „Furcht" Fehler in seinem eigenen Produkt zu finden, so dass er automatisch nur die Bereiche getestet werden, von denen der Autor weiß, dass sie funktionieren. Der Effekt kann außerdem damit begründet werden, dass der Autor des Prüfobjekts bereits ein konkretes Modell des Prüfobjektes im Kopf hat

---

[1]Der erschöpfende Test, in dem jede mögliche Eingabekombination getestet wird, kann bereits für sehr kleine Systeme nicht mehr durchgeführt werden.

Abbildung 3.2: Unterschiedliche Modelle erzeugen unterschiedliche Vorgehen.

und alle Tests aus diesem bereits umgesetztem Modell ableitet. Somit vermeiden die Autoren des Prüfobjekts unbewusst bestimmte Ausführungspfade. Ein unbefangener Testentwickler hingegen erzeugt sein eigenes Bild des Prüfobjektes und gestaltet daher andere bzw. mehr Testfälle zu Bereichen als der Autor des Prüfobjekts. Abbildung 3.2 dient der Veranschaulichung dieses Effekts. In dieser Abbildung sind zwei Personen dargestellt, die einen Test entwickeln wollen, der die Ziele A und B besitzt. Das zugrunde liegende System (Punkte des Graphens) ist zwar identisch, aber das Modell (Kanten des Graphens) ist unterschiedlich, so dass beide Personen unterschiedliche Tests zu den gleichen Testzielen ableiten.

Durch die Entwicklung von Testspezifikationen durch unbefangene Testentwickler, erhöht sich zwar die Qualität der Tests, dennoch können die Testspezifikationen lückenhaft sein, so dass Bereiche der Software nicht getestet werden. Software verursacht auch heute noch schwere Fehler, die auf mangelndem oder nicht vollständigem Test zurückzuführen sind.[35]

Eine Möglichkeit die „Lücken" der Testspezikation zu vermeiden ist die Verwendung von systematischen Prüfmethoden, mittels derer gewisse Aussagen über die Vollständigkeit oder den Grad der Abdeckung erzielt werden können.

Die nun vorgestellten Prüfmethoden unterscheiden sich darin, welche Vollständigkeitsaussagen getroffen werden können: Die strukturorientierten Prüfmethoden beziehen sich auf die Prüfobjekte, aus denen sich Kontrollflussgraphen ableiten lassen, wie zum Beispiel Quellcode. Die funktionsorientierten Prüfmethoden beziehen sich auf formale oder informale Anforderungen, wie sie gewöhnlich in Lasten- und Pflichtenheften vorliegen. Die diversifizierenden Prüfmethoden liefern Tests, die sich auf den speziellen Fall beziehen, dass für ein Prüfobjekt mehrere Implementierungen vorliegen und vergleichen das Verhalten dieser.

3.2.1 Strukturorientierte Prüfmethoden

Die Grundlage des Prüfobjekts für strukturorientierte Tests sind Kontrollflussgraphen. Strukturorientierte Testspezifikationen lassen sich mit den Maßen Anweisungsüberdeckung, Zweigüberdeckung und Pfadüberdeckung (oder auch Bedingungsüberdeckung) bewerten. Hier wird jeweils die Überdeckung im Sinne der Anweisungen, der Verzweigungen und der existierenden möglichen Pfade des Kontrollflussgraphs gemessen. Eine Testspezifikation, deren Zweigüberdeckung vollständig ist, erzielt auch gleichzeitig eine vollständige Anweisungsüberdeckung. Die Pfadüberdeckungmetrik gibt an, wie viele aller möglichen Kombinationen in den Tests abgedeckt sind.

Beispiel

Ein Kontrollflussgraph bestehend aus verschachtelten Bedingungen mit Alternative der Tiefe n, besitzt 2^{n-1} unterschiedliche mögliche Ausführungspfaden. Dieser Testplan ist gleichzeitig minimal für die vollständige Zweig- und Anweisungsüberdeckung.

Ein Kontrollflussgraph mit n sequentiellen Bedingungen ohne Alternative hingegen benötigt 1 Test für eine vollständige Anweisungsüberdeckung, 2 Tests für eine vollständige Zweigüberdeckung und 2^n Tests für eine vollständige Pfadüberdeckung.

Aus dem letzteren Beispiel wird deutlich, dass die Aussagekraft einer Testspezifikation, die eine vollständige Anweisungsüberdeckungsbewertung hat, nur eine begrenzte Aussage über die Abdeckung des Prüfobjekts besitzt. Testspezifikationen mit vollständiger Pfadüberdeckung hingegen erreichen schnell eine unpraktikable Größe, so dass strukturorienierte Testspezifikationen in der Praxis nur in Teilen des Prüfobjekts vollständig im Sinne der Pfadüberdeckung sind.[2]

Ein weiterer Nachteil der stukturorientierten Prüfmethode ist, dass ausschließliche Fehlverhalten aufgedeckt wird, das innerhalb der Implementierung auftritt. Fehlerhafte Umsetzungen von Anforderungen werden auf Grund des Prüfobjektbezugs meistens nicht aufgedeckt.

Die Klasse der strukturorientierten Testspezifikationen wird in der Literatur auch als „White-Box"-Tests bezeichnet, da die internen Eigenschaften (in Form von Kontrollflussgraphen) des zu testenden Systems für den Tester bekannt sein müssen.

3.2.2 Funktionsorientierte Prüfmethoden

Die Tests der funktionsorientierten Prüfmethode prüfen, ob die Anforderungen korrekt umgesetzt sind. Der Prüfer betrachtet die Software als „Black-Box", von der nur das Verhalten nach außen, nicht aber der innere Zustand des Systems geprüft werden kann.

Die Wissensbasis des Prüfers bilden dabei die im Lastenheft definierten Anforderungen der Software. Nach IEEE Std 610.12-1990 ist eine Anforderung wie folgt definiert:

1. Eine Bedingung oder Eigenschaft, die ein System oder eine Person benötigt, um ein Problem zu lösen oder ein Ziel zu erreichen

2. Eine Bedingung oder Eigenschaft, die ein System oder eine Systemkomponente aufweisen muss, um einen Vertrag zu erfüllen oder einem Standard, einer Spezifikation oder einem anderen formell auferlegten Dokument zu genügen

3. Eine dokumentierte Repräsentation einer Bedingung oder Eigenschaft wie in (1) oder (2) definiert

Aus dieser Definition folgt, dass Anforderungen sowohl informal in natürlicher Sprache als auch formal durch Modelle beschrieben werden können. Für jede Art der Anforderungen haben sich verschiedene Ansätze entwickelt Tests abzuleiten. Der Prozess der Testfallableitung muss in jedem Fall dokumentiert werden, um bei eventuellen Änderungen an den Anforderungen die betroffenen Testfälle zu identifizieren. Außerdem wird durch die Dokumentation die Nachvollziehbarkeit und dadurch Überprüfbarkeit der Abdeckung der Anforderung ermöglicht.

Der Grad der Abdeckung einer Anforderung durch Tests ist bei informalen Anforderungen stets subjektiv. Erzeugt der Prüfer nicht für jeden Test eine Dokumentation des Testziels (welcher Aspekt einer Anforderung wird von welchen Tests abgedeckt), so wird die Testspezifikation zusätzlich nicht pflegbar.

---

[2]Vollständig Pfadüberdeckung ist zu dem erschöpfenden Test nur dann äquivalent, wenn die Bedingungen des Kontrollflussgraphs sich nur auf eine Wahrheitsvariable beziehen, Anweisungen lediglich genau eine Wahrheitsvariable verändern und der Graph azyklisch ist.

Um eine Aussage über die Vollständigkeit der Tests zu treffen, werden daher häufig informale Anforderungen formalisiert. Die Formalisierung kann beispielsweise ein Kontrollflussgraph sein, so dass die Maße der strukturorientierten Prüfmethode herangezogen werden können, um Testspezifikationen zu bewerten. Unabhängig von der Art der Formalisierung ist zu beachten, dass Aufwand für die Formalisierung entsteht.

Das primäre Problem bei der Erstellung eines funktionsorientierten Testplans ist die sinnvolle Selektion der Testfälle, die zunächst auf Grund der Anzahl der theoretisch möglichen Eingabevektoren sehr groß ist. Zunächst scheint klar zu sein, dass nicht alle Eingabevektoren getestet werden müssen. Als Begründung für diese Annahme kann angeführt werden, dass eine Berechnung für „die meisten" Werte korrekt funktioniert, da Grundbestandteile der Software funktionieren, weil sie bereits vor Erstellung der Software existierten und sich bewährt haben. Besteht beispielsweise die Anforderung numerische Werte zu addieren, muss nicht jeder mögliche Wert des Wertebereichs getestet werden, da angenommen werden kann, dass die verwendete Recheneinheit korrekt arbeitet. Gleichzeitig können durch falsche Annahmen Tests verloren gehen, die tatsächlich in einer Implementierung Fehler erzeugen. Grundsätzlich ist dieser Verlust aber nicht auszuschließen und kann nicht in das Maß für die Bewertung einer Testspezifikation einbezogen werden, weil es eine sehr spezielle Implementierung geben könnte, bei der ein bestimmter ausgeschlossener Test fehlschlagen kann. Vielmehr sollten die Annahmen, die getroffen werden, um Eingabeklassen auszuschließen festgehalten werden und nachvollziehbar sein, so dass bei dem Finden eines Fehlers in der Testphase oder im Betrieb mittels der Dokumentation überprüft werden kann, welche weiteren Bereiche betroffen sein könnten.

Die gewählten Eingaben sollten eine Menge von guten Repräsentanten darstellen, so dass insbesondere die Fehleranfälligen, d.h. die seltenen oder ungewöhnlichen Werte, getestet werden. Das Vorgehen Eingabemengen zu partitionieren entspricht der Bildung von Äquivalenzklassen. Die Selektion ungewöhnlicher Werte oder „Grenzwerte" ist die Grenzwertanalyse, die gegeben eine Eingabepartitionierung Werte aus dieser selektiert, die für die Eingaben der Tests in Betracht kommen. Die Bildung von funktionalen Äquivalenzklassen und die Grenzwertanalyse ermöglicht ein systematisches Vorgehen Testdaten zu selektieren[13]. Eine Prüfmethode, die diese beiden Prinzipien verwendet ist das „Partition testing", welches wir in dem folgenden Unterkapitel vorstellen. Eine daraus abgeleitete Form ist die „Klassifikationsbaummethode", die wir anschließend beschreiben.

Um funktionsorientierte Tests zu erstellen entwickelt der Testfallingenieur implizit oder explizit ein Modell des Systems. Dabei verwendet der Testfallingenieur entweder Modelle der Spezifikation oder erstellt aus den Spezifikationen ein Modell des Systems. Dieses Modell muss ein abstrahiertes und somit vereinfachtes Modell des definierten Systems sein, da ansonsten die Komplexität des Systems gleich dem implementierten Systems ist. Die Erstellung eines fehlerfreien Modells, welches alle Anforderungen vollständig beinhaltet, aus dem die Testfälle abgeleitet werden könnten, wäre dann genauso aufwendig wie die Implementierung des Produkts. Das Vorgehen der expliziten Erstellung eines Modells als „Modellbasiertes Testen" bezeichnet. Viele funktionsorientierte Prüfmethoden arbeiten modellbasiert[25].

3.2.2.1 Partitions-Test

Das primäre Problem, das von funktionsorientierten Prüfmethode gelöst werden soll, ist, dass die Eingabe prinzipiell unendliche groß ist und nicht alle Werte der Eingabe getestet werden können[37]. Daher teilt der Prüfer die Eingabemenge in Äquivalenzklassen und wählt für einen

Test nur eine endliche Menge von Repräsentanten. Das Ziel ist die Äquivalenzklassen so zu wählen, dass das Programm entweder mit jedem Wert der Menge fehlschlägt oder mit jedem Wert der Menge ohne Fehler abläuft.

Die Bildung von Äquivalenzklassen aus einer Menge von Daten geschieht durch die Bildung einer Relation, die zwei Daten als äquivalent bezeichnet, genau dann wenn der Prüfer die begründete Annahme trifft, dass sich die Testausgänge unter Verwendung dieser Daten nicht unterscheiden. „Partitions-Test" selbst kann sowohl als funktionale Prüfmethode als auch als strukturorientierte Prüfmethode angesehen werden [22], grundsätzlich basiert die Bildung der Äquivalenzklassen aber auf den Spezifikationen.

Nachdem der Prüfer die Äquivalenzklassen gewählt hat, wählt er für jede Äquivalenzklasse eine Menge von Repräsentanten. Die Wahl des Repräsentanten kann prinzipiell erfahrungsbasiert durchgeführt werden. Eine bewährte Form der erfahrungsbasierten Repräsentantenwahl ist die Grenzwertanalyse, die darauf basiert, dass die meisten Fehler an den Grenzen der Eingabebereiche entstehen. Für jeden Eingabebereich wird dann ein Wert unter, auf und über der möglichen Eingabegrenze gewählt. Letzterer Fall ist dann die Überprüfung, ob die Eingabe korrekt validiert wird.

Mittels des kartesischen Produkts zwischen den Repräsentanten der Äquivalenzklassen entstehen nun Eingabekombinationen, die die Menge der Tests darstellen. Auf Grund der dadurch entstehenden Anzahl von Tests müssen diese Eingabekombinationen, durch Bildung von Prädikaten eingeschränkt werden. Das Ziel des Prüfers ist nun die Tests von einer sehr großen unpraktikablen Anzahl auf eine praktikable zu reduzieren, und dabei möglichst wenige relevante Testfälle zu verlieren. Das Vorgehen zeichnet sich also dadurch aus, dass viel Zeit in die Analyse der entstehenden Eingabekombination und anschließende Erstellung von Prädikaten investiert werden muss. Weiterhin besitzt jede Bildung eines Prädikats und Wahl einer Äquivalenzklasse Auswirkungen auf alle darauffolgenden Tests. Die Bildung eines Prädikats kann häufig nicht eindeutig einer Anforderung zugeordnet werden, so dass der Prozess an Nachvollziehbarkeit verlieren kann.

3.2.2.2 Klassifikationsbaummethode

Die Klassifikationsbaummethode ist eine Weiterentwicklung des „Partitions-Test". Die Eingabe wird ebenfalls durch die Bildung von Äquivalenzklassen partitioniert. Die Äquivalenzklassen werden allerdings baumartig angeordnet, so dass auch eine komplexe Aufteilung übersichtlich dargestellt werden kann.

Im Folgenden beschreiben wir, wie ein Klassifikationsbaum aufgebaut ist und wie Tests über Klassifikationsbäumen definiert werden.

Der Baum besteht aus den Knotentypen Komposition, Klassifikation und Klasse. Die Wurzel des Baums ist eine Klasse. Jedes Kind einer Klasse ist entweder eine Kompositionen oder eine Klassifikationen. Eine Komposition kann entweder Klassifikationen oder wiederum Kompositionen als Kinder definieren. Nur die Klassifikation kann Klassen als Kinder definieren. Abbildung 3.3 zeigt die Knotentypen in der Übersicht. Eine gerichtete Kante von Knotentyp A zu Knotentyp B gibt an, dass ein Knoten vom Typ A im Klassifikationsbaum Kinder des Knotentyps B definieren kann.

Ein Test über einem Klassifikationsbaum selektiert Klassen, die eine abstrakte Testeingabe definieren. Für die Selektion der Klassen gelten dabei folgende Regeln:

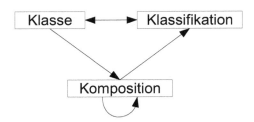

Abbildung 3.3: Strukturelle Elemente eines Klassifikationsbaums

- Aus jeder Klassifikation kann maximal eine Klasse gewählt werden.

- Nur die Klassen der Klassifikationen, dessen „Vorgänger"-Klassenknoten alle selektiert sind, können selektiert werden.

- Jede Klassifikation, deren Vorgängerklassenknoten alle selektiert sind, muss eine selektierte Kindklasse besitzen.

Im Folgenden bezeichnen wir eine Klasse, die für einen Test selektiert wurde, als Testklasse.

Durch die Baumdarstellung ergibt sich eine intuitive Darstellung der abstrakten Testeingabe: Jeder Test wird unterhalb des Baumes als Zeile dargestellt, die in an den Stellen mit Punkten versehen ist, auf dessen Höhe eine Klasse im Baum selektiert ist. Um nun konkrete Testfälle aus den abstrakten Testeingaben zu definieren, muss aus jeder Testklasse ein Repräsentant gewählt werden. Grundsätzlich gilt, dass die Vielfalt der Repräsentanten durch die zugehörige Vorgängerklassifikation und -kompositionen eingeschränkt wird. Jede Komposition und Klassifikation bildet einen Teil der Eingabe ab, die in die Partitionen geteilt wird, die sich aus den Kindklassen ergeben. Die maximale Anzahl von abstrakten Testeingaben ergibt sich nach obigen Regeln aus der Anzahl der Klassen und Klassifikationen. Je mehr Klassen existieren je mehr Eingabekombinationen können gewählt werden. Aus diesem Grund erhöht sich die Testanzahl nur durch eine detailliertere Klassifikation. Im Gegensatz zum „Partition testing" vergrößert der Prüfer also durch zusätzliche Modellierung die Testanzahl[13].

Abbildung 3.4 zeigt exemplarisch einen Klassifikationsbaum mit 2 selektierten Testfällen.

Aus einem Klassifikationsbaum können die abstrakten Testeingaben auch automatisiert abgeleitet werden. Dieser Prozess macht allerdings nur dann Sinn, wenn auch die Selektion der Repräsentanten aus dem Baum automatisiert werden kann.

Grundsätzlich entspricht das Vorgehen dem natürlichen Ansatz einer Prüfung, bei der die Komplexität erst durch die Einarbeitung entsteht. Dadurch werden Prüfer durch die Verwendung der Klassifikationsbaummethode in ihrem Vorgehen unterstützt und nicht eingeschränkt. [12, S. 7] Die Klassifikationsbäume bilden somit das Verständnis der Prüfer von dem zu testenden Systems ab. Auf Grund der simplen Modellierungsart, ist das Modell von jedem Außenstehenden leicht zu validieren, so dass eine gemeinsame Überprüfung mit Entwicklern oder Anforderungsanalysten möglich ist und statische Prüfmethoden ermöglicht.

Weiterhin ist der Prüfprozess mit diesem Vorgehen fokussier- und verteilbar. Besteht der Verdacht der Fehleranfälligkeit eines bestimmten Eingabebereiches, kann dieser beliebig verfeinert werden. Zusätzlich hat dieses Vorgehen den Vorteil, dass der Testentwicklungsprozess grundsätzlich verteilt stattfinden kann, da die Verfeinerung von zwei disjunkten Partitionen durch Einfügen von Klassifikationen unabhängig voneinander passieren kann. Bereits definierte Tests

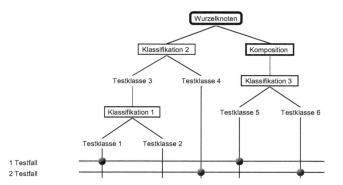

Abbildung 3.4: Beispiel eines Klassifikationsbaums mit 2 Kompositionen (der Wurzelknoten ist eine Komposition), 3 Klassifikationen und 6 Testklassen. Testklasse 3 kann nur dann für einen Testfall gewählt werden, wenn Testklasse 1 oder Testklasse 2 gewählt wurde.

über einem Klassifikationsbaum, der verfeinert wurde, können durch Selektion der neuen Klassen einfach integriert werden und beeinflussen keine anderen Baumabschnitte.

3.2.2.3 Erweiterungen der Klassifikationsbaummethode

Die Klassifikationsbaummethode wurde ursprünglich für die systematische Analyse und Modellierung von „Eingaben" konzipiert. Es haben sich allerdings verschiedene Ansätze entwickelt, auch andere Aspekte mit einem Klassifikationsbaum zu modellieren[8][12][1]. Um beispielsweise die wiederholte Eingabe – also die mehrfache Verwendung eines Klassifikationsbaumes – innerhalb eines Tests zu ermöglichen, wurde das Konzept der Testschritte entwickelt. So ist die Methode auch auf Prüfobjekte anwendbar, die mehrstufige voneinander unabhängige Eingaben erwarten, die jeweils in einem Testschritt über dem gleichen Klassifikationsbaum modelliert werden. Der Nachteil dieser Methodik ist, dass für die automatisierte Testerzeugung Prädikate verlangt werden, falls die Anzahl der abgeleiteten Tests zu groß wird.

Eine weitere Erweiterung ist die Modellierung der erwarteten Ausgabe auf eine Eingabe direkt im Klassifikationsbaum zu integrieren. Dadurch kann die Methode auf Prüfobjekte angewendet werden, die mehrstufige voneinander abhängige Eingaben erwarten. Durch Einfügen von Klassifikationen, die also nicht die Eingabe, sondern die Ausgabe des Systems modellieren, ist es auch möglich in einem einzelnen Klassifikationsbaum komplexe Abläufe übersichtlich zu modellieren, ohne Prädikate definieren zu müssen, um „unmögliche Eingaben" auszuschließen[12][1].

Im Folgenden beschreiben wir, wie Prüfobjekte, die einen linearen Kontrollfluss umsetzen, in einen Klassifikationsbaum modelliert werden können. Zwar betrachten wir hier nur den simplen Fall eines linearen Kontrollflusses, prinzipiell können aber alle azyklischen Kontrollflussgraphen mit dieser Systematik in einem Klassifikationsbaum modelliert werden.

Sei also ein System zu testen, welches eine Folge von n Eingaben erwartet und seien die Mengen der jeweils möglichen Eingaben $I_1, ..., I_n$. Abhängig von der Eingabe definiert $D_1, ..., D_n$ die erwartete Ausgabe, um den nächsten Zustand zu erreichen. Die Ausgaben, die einen Fehler

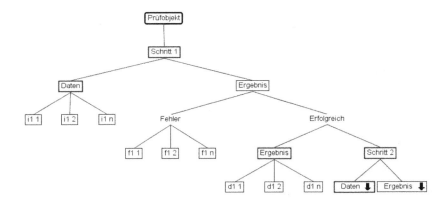

Abbildung 3.5: Modellierung eines Prüfobjekts, welches durch einen azyklischen Kontrollfluss modelliert werden kann. Stark umrandet sind Kompositionen, dünn umrandet Klassifikationen und nicht umrandete Elemente sind Klassen.

darstellen bezeichnen wir mit $F_1, \ldots, F_n$. Das Prüfobjekt lässt sich nun als Klassifikationsbaum wie in Abbildung 3.5 modellieren.

Vorteil dieses systematischen Vorgehens ist, dass die Menge der entstehenden Testfälle automatisiert abgeleitet werden kann und somit der Aufwand der Testfallselektion gespart werden kann. Wir werden dieses Vorgehen verwenden, um Protokolle zu modellieren.

Dieses Vorgehen ist für kleine azyklische Kontrollflüsse sehr geeignet. Für die Prüfobjekte, in denen Schleifen zugelassen sind, müssen diese einzeln entweder unter Verwendung mehrerer Testschritte (siehe oben) oder durch die Verwendung von Wiederholungszählern als eigene Klassifikationen, wie zum Beispiel „Wiederholungsanzahl", dessen Klassen „1", „2", „mehrfach" enthalten könnten, modelliert werden.

Abschließend zeigen wir, wie ein zweistufiger Ablauf mit der Klassifikationsbaummethode modelliert werden kann, bei dem wir die obige Systematik als Grundlage für die Modellierung nehmen und das entstandene Modell schrittweise „verbessern". Das fiktive Beispielprüfobjekt, das im wesentlichen die Authentisierung einer Onlineanwendung modelliert, enthalte die folgenden Anforderungen:

- Jeder Benutzer, der Zugang zu autorisierten Funktionen des Systems erhalten möchte, besitzt Zugangsdaten, die aus einem Benutzernamen und einem Passwort bestehen.

- Jeder Benutzer besitzt eine der Rollen „Administrator" oder „Kunde". Nur die Rolle entscheidet darüber, welche Funktionen ein Benutzer ausüben kann.

- Jeder Benutzer kann sich an einem Webformular unter Eingabe seiner Zugangsdaten authentisieren. Nach der erfolgreichen Authentisierung kann der Benutzer die mit seiner Rolle verknüpften Funktionen ausüben.

- Unbekannte Zugangsdaten sind abzuweisen und der Benutzer darf keinen Zugriff auf andere Funktionen als den Login haben.

Modelliert man diese Anforderungen zunächst analog zu dem oben genannten Schema, erhält man den in Abbildung 3.6 dargestellten Klassifikationsbaum. Aus diesem Baum ergibt sich nach

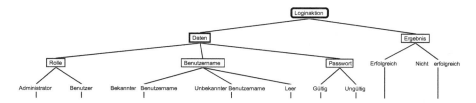

Abbildung 3.6: Klassifikation nach Daten und Ergebnissen.

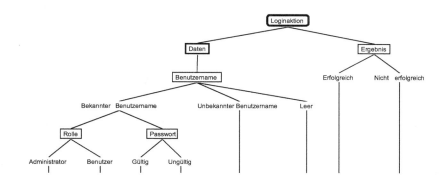

Abbildung 3.7: Klassifikation nach Daten, die ein Ergebnis erzeugen, und Ergebnissen.

den Regeln auf Seite 35 eine Anzahl von maximal 2 * 3 * 2 * 3 abstrakten „Testeingaben". Viele davon widersprechen logischen Regeln: So lässt sich kein konkreter Testfall aus der abstrakten Testbeschreibung „Unbekannter Benutzername" und „Gültiges Passwort" ableiten.

Aus diesem Grund können Prädikate eingefügt werden, um diese Kombinationen auszuschließen und bei der der versehentlichen Definition dieses Tests werkzeuggestützt einen Hinweis zu erhalten. Alternativ zu der Definition von Prädikaten kann das Modell auch umstrukturiert werden: Ein „Unbekannter Benutzername" besitzt weder gültiges Passwort noch eine gültige Rolle. Aus diesem Grund sind diese Klassifikationen nur dann nicht-leer, wenn der Benutzername bekannt ist. Unter Einbeziehung dieser Erkenntnis erlangen wir eine Modellierung nach Abbildung 3.7.

Diese Modellierung hat den Vorteil, dass nur wenige logische Regeln notwendig werden, um eine abstrakte Testbeschreibungen wie „Benutzer", „Passwort ungültig" und „Erfolgreich" auszuschließen.

Alternativ könnte das Prüfobjekt auch so modelliert werden, dass nicht die Eingabe über das Ergebnis entscheidet, sondern das Ergebnis die möglichen Eingabekombinationen einschränkt: Durch die Klassifikation der Eingabe nach dem Ergebnis folgt, dass der Benutzername bekannt und das Passwort passend und gültig gewesen sein muss und nur noch die Rolle unterschieden werden muss. Im „nicht erfolgreichen" Fall werden dann alle Fehlerfälle modelliert. Vorteil dieser Modellierung ist, dass der Positiv-Fall sehr übersichtlich und intuitiv ist. Die Modellierung des nicht erfolgreichen Testfalls hingegen ist tief geschachtelt. Die maximale Anzahl von abstrakten Testeingaben beträgt 8 ohne ein Prädikat zu definieren.

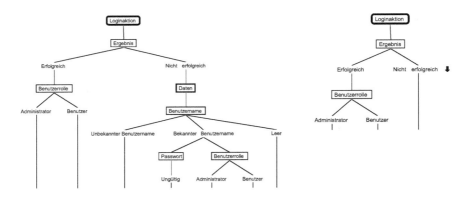

Abbildung 3.8: Klassifikation nach Ergebnis und dann nach Daten, vollständige und abstrahierte Sicht.

Falls der Prüfer im Baumabschnitt der nicht erfolgreichen Loginaktionen zusätzliche Fehlerfälle modelliert, beeinflusst er dabei keine anderen Prüfobjekte, die die Loginaktion verwenden. Der Modellierungsprozess bleibt daher aufteilbar, da sich alle nicht an dem Login-Prüfobjekt Beteiligten in der Regel auf die wesentlichen Informationen des Positivfalls beschränken können.

Testfallableitung

Der Prozess der Testfallableitung aus einer Modellierung ist zwar automatisierbar, aber die Anzahl der dabei entstehenden Tests wird schnell unpraktikabel. Aus diesem Grund findet in der Regel eine manuelle Testfallselektion statt. Da die Modellierung und somit auch die Testfallableitung ein iterativer Prozess ist, muss es Möglichkeiten geben zu überprüfen, welche Tests bestimmte Klassen verwenden. Das für die Methodik verwendete Werkzeug besitzt nur begrenzte Möglichkeiten die vorhandenen Testfälle nach bestimmten Kriterien zu filtern. Es ist aber ein komfortabler Filter vorstellbar, so dass alle Testfälle, die eine Menge von Klassen verwenden, schnell gefunden werden können.

Findet der Prüfer eine neue wichtige Eingabekombination, kann er diese einfach als neuen Test zu den vorhandenen Testfällen hinzufügen. Falls dabei das Einfügen weiterer Klassen oder Klassifikationen notwendig ist, kann er den Baum beliebig erweitern und weitere Tests definieren, ohne die vorhandenen Tests verändern oder überarbeiten zu müssen.

Nachdem die Testfallselektion abgeschlossen wurde, können die Tests entweder von Hand durchgeführt werden oder von dem verwendeten Werkzeug so übersetzt werden, dass diese automatisiert durchgeführt werden könnten. In der Regel sind dafür weitere Informationen notwendig, die an die Knoten des Baumes angefügt werden müssen. Am Ende des Kapitels 4.2.2 zeigen wir ein konkretes Beispiel für dieses Vorgehen.

Vorteile

Der Baum selbst ist das Modell des Prüfobjekts und somit ist die Klassifikationsbaummethode implizit ein modellbasierendes Testverfahren. Der Vorteil der Klassifikationsbaummethode ist zum einen die Möglichkeit der gezielten Abstraktion und Vernachlässigung von Details, die

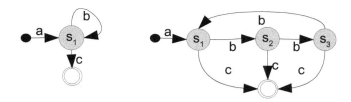

Abbildung 3.9: Ein Testmodell und ein äquivalentes System.

nur bestimmte Bereiche betreffen, und zum anderen das beliebige Vertiefen und Verfeinern der Modellierung in bestimmten Eingabepartitionen. Veränderungen oder Korrekturen im Modell führen nicht dazu, dass die bereits definierten Tests überarbeitet werden müssen. Jeder Entscheidungsschritt des Testers wird implizit durch das Modell dokumentiert. Insgesamt bleiben Tests, die sich direkt aus einem Modell ableiten, sowohl wartbar als auch erweiterbar.

Neben diesen Vorteilen zeigt sich der Klassifikationsbaum als Modell des Prüfobjekts als intuitive, klare und einarbeitungsarme Modellierungssprache, so dass jeder Projektteilnehmer mit den Klassifikationsbäumen sofort umgehen kann. Die Kombination aus Verständlichkeit und dem Vorteil des modellbasierten Charakters, macht diese Prüfmethode besonders attraktiv.

Die in diesem Abschnitt erstellten Abbildungen wurden mit dem frei verfügbaren Classification Tree Editor (CTE XL[3]) erstellt. Das Werkzeug wurde in vielen Projekten unter anderem bei Daimler und Siemens mit hoher Fehlererkennungsrate erfolgreich eingesetzt[13][1][27][8].

3.2.2.4 Zustandsbezogener Test

Das zustandsbezogene Testen bezeichnet eine intuitive Methodik für modellbasierte Testfallableitung. Ziel der Prüfmethode ist zu zeigen, dass ein System, welches durch einen Zustandsautomaten spezifiziert wurde, äquivalent zu einer in Form einer Black-Box gegebenen Implementierung ist.

Dabei kann die Äquivalenz der Systeme nur durch Vergleich der Ein-/Ausgabefolgen gezeigt werden, da der innere Zustand der Implementierung nicht ausgelesen werden kann. Die Äquivalenz zweier derartiger Systeme kann daher nur unter Verwendung bestimmten Einschränkungen gezeigt werden:

1. Beide Zustandsmodelle sind zusammenhängend, d.h. die Äquivalenz bezieht sich nur auf die Bereiche der Modelle, die von einem Startzustand erreicht werden können.

2. Die Implementierung besitzt eine maximale Anzahl innerer Zustände.

Annahme 1 besagt, dass nicht erreichbare Zustände auch nicht getestet werden können. Annahme 2 hingegen scheint die Aussagekraft der eingeschränkten Äquivalenz zu minimieren. Im Folgenden beschreiben wir, wie die eingeschränkte Äquivalenz gezeigt werden kann, und welche Auswirkungen Annahme 2 auf den Test besitzt.

Zustandsbasiertes Testen mit Zustandsautomaten

---

[3]`http://www.systematic-testing.com/functional_testing/cte.php`

---

1. Für jeden Zustand z_i:
2.   Für jede mögliche Eingabefolge $p = (x_1, \ldots, x_n)$, die vom Startzustand zu z_i führt:
3.   Für jede Eingabe x:
4.   Eingabe von p
5.   Eingabe von x und überprüfe ob die zugehörige Ausgabe korrekt ist.

Algorithmus 4: Vollständiger Test des Systems mit vollständigem Testmodell

Das Modell des Systems, welches durch einen endlichen Automaten gegeben ist, kann mehr oder weniger Zustände als das implementierte System besitzen; die Äquivalenz der Systeme schließt sich dadurch aber nicht aus. Betrachte das Beispiel in Abbildung 3.9, in dem links das Modell des Systems und rechts das Modell der Implementierung dargestellt ist. Die Äquivalenz der Zustandsautomaten ist zunächst klar, obwohl die Anzahl der Zustände im Modell der Implementierung höher ist. Würden beide Modelle minimiert vorliegen, so könnte eine Äquivalenzbedingung über die Zustandsanzahl definiert werden.

Da die Modellierung des Systems eine Vereinfachung des Systems ist, die sich aus Abstraktion und Vernachlässigung bestimmter Details ergibt, ist anzunehmen, dass die Implementierung häufig eine höhere Anzahl von Zuständen besitzt. Im obigen Beispiel könnte eine Anforderung existieren, dass die Aktion c die Ausgabe der Anzahl der b's modulo 3 verursacht. Diese Anforderung lässt sich mit dem vereinfachten Modell des obigen Beispiels nicht modellieren und somit nicht testen.

Aus dem Testmodell können nun Szenarien bzw. Tests abgeleitet werden, die selbst Pfade des Zustandsautomatens sind. Die Anzahl der möglichen Pfade in dem Zustandsautomaten ist allerdings, da wir in der Theorie keine Kenntnis des Aufbaus der Implementierung besitzen, unbeschränkt. Würde im Beispiel die Kante (s₃,Endzustand) fehlen, so könnte dieser Implementierungsfehler nur durch den Testfall abbc gefunden werden. Durch beliebige Vergrößerung des Implementierungsmodells könnte die Länge des fehlerfindenden Testfalls beliebig verlängert werden. Im obigen Beispiel könnte die Kenntnis, dass das implementierte System aus maximal 5 Zuständen besteht, die Anzahl der möglichen Testfälle beschränken. Der Grund liegt darin, dass die Länge des Tests durch die maximale Anzahl der Zustände des Systems begrenzt wird[23]. Aus diesem Grund ist die oben definierte Annahme 2 notwendig, um die Anzahl der entstehenden Tests zu beschränken.

Ein vollständiger Test der Modells könnte dann mit Algorithmus 4 durchgeführt werden. Für jeden Zustand wird für jeden Pfad, der zu diesem Zustand führt, geprüft, ob die Ausgabe der Implementierung der Ausgabe des Modells entspricht. Die Anzahl der möglichen Pfade ist durch die Abschätzung der maximalen Anzahl von Zuständen des Systems begrenzt.

Betrachtet man jede Ausführung der Zeile 5 als einen Test, so ergibt sich für ein System mit geschätzter maximaler Anzahl von 10 inneren Zuständen die Anzahl der Gesamttest, wie in Tabelle 6 dargestellt. Die Abhängigkeit ergibt sich also aus dem Produkt der Anzahl der Zustände, der Größe des Eingabealphabets und der maximalen Anzahl der inneren Zustände.

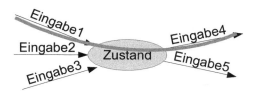

Abbildung 3.10: Positivtest in einem Zustandsautomaten. Die Gesamtanzahl beträgt 3 * 2 = 6 Tests.

#Z	#I	Gesamtanzahl der Tests
4	3	4 * 10 * 3 = 120
4	6	4 * 10 * 6 = 240
8	6	8 * 10 * 6 = 480

Tabelle 6: Anzahl unterschiedlicher Pfade der maximalen Länge 10.

Da die Gesamtanzahl linear zur Zustandsanzahl und Eingabealphabetsgröße wächst, ist der vollständige Test für Eingabe- und Zustandsintensive Anwendungen nicht praktikabel. Aus diesem Grund werden verschiedene Methoden verwendet, um die Gesamtanzahl der Tests zu reduzieren. Jeder der Reduzierungsentscheidungen sollte dokumentiert und begründet werden.

In der Praxis sind die modellierten Zustandsautomaten nicht vollständig, so dass die Übergangsfunktion nicht für jedes Zustands/Eingabe–Paar definiert ist. Im Allgemeinen wird die Übergangsfunktion an den undefinierten Stellen in einen allgemeinen Fehlerzustand überführt. Aus diesem Grund reicht es für jeden Zustand aus, die undefinierten Stellen der Übergangsfunktion stichprobenartig durchzuführen, und insbesondere nicht die Pfad–abhängige Prüfung (Schritt 2 von Algorithmus 4) für die undefinierte Stelle durchzuführen.

Alle von der Übergangsfunktion definierten Kombinationen sollten getestet werden, so dass das System insbesondere auf den legalen „positiven" Pfaden getestet wird. Ein Positivtest ist dabei ein möglicher Pfad in dem Testmodell, siehe Abbildung 3.10. Die Anzahl der Tests reduziert sich dann abhängig von dem „Unvollständigkeitsgrad" um einige Größenordnungen. In dem Beispiel existieren mindestens 5 unterschiedliche Eingaben, so dass die tatsächliche Anzahl von möglichen Tests 3*5 entspricht.

Neben der schnell wachsenden Anzahl der Tests für eine vollständige Abdeckung existiert das Problem, dass ein Modell des Systems durch einen gewöhnlichen Zustandsautomaten von der Anzahl der Zustände her explodiert. Aus diesem Grund werden komplexere Modellierungsarten verwendet, die im Kern aber auf die oben genannten Prinzipien zurückzuführen sind. Die erweiterten Zustandsautomaten können beispielsweise innere Zustandsvariablen in jedem Übergang verändern und einschränkende Prädikate an den Kanten definieren.[25]

3.3 Diversifizierende Prüfmethode

Mit der diversifizierenden Prüfmethode versucht der Testentwickler die Übereinstimmung zweier Implementierungen gegenüber einer Spezifikation zu prüfen. Dabei werden Tests, die auch automatisch erzeugt werden können, parallel auf den Implementierungen durchgeführt. Beim „Back to Back"-Test müssen weder Tests erzeugt, noch die Spezifikation in der Vollständigkeit nachvollzogen werden, sondern ausschließlich diejenigen Tests analysiert werden, die in den Implementierungen unterschiedliche Testergebnisse erzeugen. Die diversifizierende Prüfmethode ist daher eine der wenigen nicht-modellbasierten Prüfmethoden.

Ein Nachteil der diversifizierenden Prüfmethode ist, dass nur Fehlverhalten gefunden werden können, die nur in einen der beiden Systemen gemacht wurden, aber ist „blind" gegenüber den Fehlern, die in beiden Systemen das gleiche Fehlverhalten erzeugen. In der Praxis wird die mehrfache unabhängige Implementierung eines Systems nur für Softwarekomponenten durchgeführt, die auf Grund eines sicherheitskritischen Einsatzbereiches hohe Qualitätsziele besitzen[25]. Implizit belegt diese Prüfmethode den Effekt einer externen Qualitätssicherung, in der eine zusätzliche Implementierung dem Modell eines Testers entspricht.

3.4 Diskussion

Die Wahl der Prüfmethode hängt von der Eignung zum Prüfling und von dem Ziel der Prüfung ab. Die statischen Prüfmethoden dienen im allgemeinen der Fehlerprävention in allen Phasen der Entwicklung. Strukturorientierte Tests haben den Vorteil quantitative Aussagen über die Abdeckung zu erzielen, verlieren aber häufig den Bezug zu den ursprünglichen Anforderungen der Anwendung. Die in den strukturorientierten und analytischen Prüfmethoden entwickelten Maße können aber allgemeine Aussagen zu Testspezifikationen und Projekten treffen, ohne dass sie nach der Prüfmethode entwickelt oder geprüft wurden. Insbesondere die Anwendungsüberdeckung wird heutzutage in den meisten agilen Softwareprojekten als ein Maß der Testqualität gesehen.

Die vorgestellten funktionsorientierten Prüfmethoden zeichnen sich durch einen hohen Modellbasierten Charakter aus. Modellbasierte Prüfmethoden haben im Gegensatz zu rein textuellen Modellierungen den Vorteil, dass Änderungen im Modell sich direkt auf die Testfälle auswirken. Die von der Änderung betroffenen Testfälle können gezielt nachvollzogen werden. Die in der Testentwicklungsphase häufig auftretenden Fragen „Welche Tests habe ich bereits zu einem Systemaspekt definiert?", „Gibt es einen bestimmten Testfall?" und „Sind hinreichend viele Tests zu einem speziellen Systemaspekt definiert?" kann mit modellbasierten Verfahren, insbesondere dem Modell der Klassifikationsbaummethode schnell und genau beantwortet werden.

Dieser Vorteil macht die Verwendung der modellbasierten Testmethoden daher insbesondere ökonomisch, wenn hohe Qualitätsziele – also hohe Anforderungsüberdeckung – an die Anwendung gestellt werden. Dieser Zusammenhang ergibt sich aus der empirischen Erkenntnis, dass der Grad der Abdeckung des Systems oder der Anforderungen durch Testfälle nicht linear mit der Anzahl der Testfälle steigt, sondern lediglich umgekehrt proportional zu bereits abgedeckten Anforderungen wächst, siehe Abbildung 3.11.

Diese Erkenntnis könnte mit dem Paretoprinzip erklärt werden, dass auf Software angewendet besagt, dass 80% der Aktivitäten auf 20% des Quellcodes ablaufen. Aus diesem Grund sind die meisten Aktivitäten, die auf Basis des übrigen Quellcodes stattfinden, nur „schwerer" zu erreichen.

Dies hat zur Konsequenz, dass eine hohe Abdeckung des Systems nur durch überproportional viele Testfälle zu erzielen ist. Erschwerend kommt hinzu, dass sich diese Testfälle nur granular

Abbildung 3.11: Überlegungen zum schematischen Zusammenhang zwischen Testfallanzahl und Überdeckungsrate. Würde die Abdeckung mit der Anzahl der Testfälle linear steigen, wäre die Anzahl der notwendigen „Black-Box"–Tests beschränkt (linearer Zusammenhang). In der Praxis zeigt sich, dass die Abdeckungsteigerung durch zusätzliche Testfälle umgekehrt proportional zu der bisherigen Abdeckung verläuft (empirischer Zusammenhang). Daher ist das „Testproblem" zunächst einfach (hohe Steigerung der Abdeckung durch wenige Tests am Anfang) und wird mit zunehmender Anzahl von Tests aufwendiger (geringe Steigerung der Abdeckung durch neue Tests). Aus diesen Überlegungen folgend könnte durch Abschätzung der Abdeckungssteigerung durch neue Tests die ungefähre Anzahl von noch fehlenden Tests ermittelt werden.

in wenigen Bereichen unterscheiden, so dass das Finden von diesen entscheidenden Eingabekombinationen einen großteil der Arbeit darstellt. Die Menge der Tests zu überblicken, zu pflegen und gezielt zu erweitern stellt daher die Hauptschwierigkeit bei der Testentwicklung mit hohen Qualitätszielen dar. Diese Schwierigkeiten werden mit modellbasierten Prüfmethoden gezielt gelöst.

Ein weiterer Vorteil der modellbasierten Testmethoden liegt darin, dass bereits während der Entwicklung des Prüflings Modelle erstellt werden können, und somit die positiven Nebeneffekte, die durch die statische Analyse einer Qualitätssicherung stattfinden, nicht erst nach Abschluss der Phase, sondern bereits während der zu prüfenden Phase eintreten und somit die Entwicklungsdauer reduzieren können.

4 Prüfstrategie für die Entwicklung von funktionalen Systemtests

In der Praxis findet man häufig ein erfahrungsbasiertes unsystematisches Vorgehen bei der Softwareprüfung. Der Prüfer führt die Software stichprobenartig aus und vergleicht die Ergebnisse mit seinen Erwartungen oder mit den gegebenen Anforderungen. Der Vorteil dieses Vorgehens ist, dass schnell Fehlverhalten aufgedeckt werden kann. Außerdem kann die Anzahl der gefundenen Fehlverhalten als empirisches Produkt- und Projektmaß betrachtet werden, mit Hilfe derer der Produkt- und Projektfortschritt abgeschätzt werden kann.[25]

Die Nachteile des Vorgehens für Software-Projekte, die eine gewisse Größe überschreiten oder besondere Qualitätsziele besitzen, wurden von [24, S.47] aufgezählt:

1. **Tests sind nicht reproduzierbar**

   Ist ein Fehlverhalten aufgetreten, so kann dieses auf Grund des nicht protokollierten Ablaufs nicht immer reproduziert werden. Insbesondere in datenzentrierten, zustandsbehafteten Anwendungen tritt diese Problematik häufig auf.

2. **Es existiert kein sicheres Testendekriterium**

   Findet ein Tester nach einer bestimmten Testdauer keine weiteren Fehler, impliziert dies keineswegs, dass keine weiteren Fehler existieren. Es kann nicht sichergestellt werden, dass jeder Bereich der Applikation getestet wurde.

3. **Die Gründlichkeit der Prüfung hängt allein von der fachlichen Kenntnis und dem Engagement des Prüfers ab**

   Ein Prüfer kann auf Grund von mangelnder Fachlichkeit nur einen Teil der Applikation ausführen oder erkennt das Fehlverhalten nicht, weil er eine falsche/unvollständige Vorstellung von der Applikation hat.

Obwohl in der Forschung eine Reihe von Prüfmethoden existieren, wird häufig auf Grund von Unkenntnis keine oder eine nicht für die Anwendung geeignete Prüfmethode verwendet[24].

In Kapitel 2 haben wir den Prüfling im Detail beschrieben und extrahieren nun die für die Auswahl der Prüfmethoden relevanten Details des Prüflings. Dabei verwenden wir teilweise die Kriterien, die sich aus der Anwendungsgebietszuordnung aus [24] ergeben, der von einem Prüfling ausgeht, für den neben der Spezifikation auch eine Implementierung vorliegen kann. Die Problematik der Prüfmethodenauswahl liegt darin, dass Prüfmethoden nicht disjunkte Eignungsgebiete besitzen, so dass die Wahl der Prüfmethoden nicht eindeutig ist.

In diesem Kapitel analysieren wir zunächst die Merkmale des Prüflings auf Basis seiner Spezifikation. Dabei betrachten wir die Schnittstelle zum Prüfling und definieren Prüfziele, die sich aus der Analyse der Eingabe ergeben. Da Systemtests für Chipkarten unabhängig von der Entwicklung der Betriebssysteme und Anwendungen realisiert werden, müssen wir die herstellerabhängigen Unterschiede betrachten, die auf Freiheiten im Bereich der Berechtigungsüberprüfungszeitpunkte basieren, und Auswirkungen auf die Testdefinition haben. Dann beschreiben wir die Prüfstrategie, begründen die Wahl der Prüfmethoden und belegen die Eignung der Methoden zum Prüfobjekt und zu den Prüfzielen. Wir zeigen ein Werkzeug, welches die meisten Schritte der vorgeschlagenen Systematik abbildet.

4.1 Merkmale des Prüflings

Die Chipkartensoftware für Ausweisdokumente nach EAC 2.0 besteht wie in Kapitel 2 gezeigt aus kryptographischen Protokollen, einem komplexen Berechtigungsmechanismus und anwendungsabhängigen Funktionalitäten. Für diese Kernaspekte muss die Chipkartensoftware mit Paketen der ISO 7816-4 und mit DER-TLV kodierten Daten, die einer ASN.1 Grammatik folgen, umgehen können.

Zur Implementierung der kryptographischen Protokolle bedarf es eines Zufallsgenerators und einer speziellen Recheneinheit, die Punkte auf einer elliptischen Kurve in einem endlichen Körper addieren kann. Es ist davon auszugehen, dass diese Kernkomponenten eine hohe Qualität besitzen, da sie in vielen Chipkarten verwendet werden.

Die Abfolge der Protokolle der Authentisierung ist linear und es existieren nur wenige Verzweigungen, so dass der Graph der Protokolle topologisch sortiert werden kann. Die einzigen Zyklen-bildenden Schritte sind Schleifenbedingungen in bestimmten Protokolle:

- PACE kann mehrfach durchgeführt werden
- Zertifikatsketten können beliebig lang sein
- CA kann mehrfach durchgeführt werden

Insgesamt zeigt sich, dass die Karte lediglich 4 innere Zustände besitzt, die sich direkt aus dem Abschluss der Protokolle der Authentisierung ergeben: Initial ist die Karte in einem Zustand, in dem nur PACE ausgeführt werden kann und öffentliche Dateien lesbar sind. Das Auslesen von Dateien verändert den Zustand der Karte nicht. Nach Abschluss von PACE befindet sich die Karte in einem Zustand, in dem PACE erneut ausgeführt werden kann, weitere Dateien gelesen und abhängig von den PACE Parametern das PIN Management und TA durchgeführt werden kann. Nur der erfolgreiche Abschluss von TA bewirkt einen Zustandswechsel, in dem dann weitere Dateien gelesen werden können und CA abgeschlossen werden kann. Nach Abschluss der CA befindet sich die Karte im authentisierten Zustand, in dem alle Funktionen, zu denen der Dienst berechtigt ist, verwendet werden können. Aus dieser Zustandsanalyse leitet sich abgesehen von den reflexiven Kanten des Dateiauslesens der „baumartiger" Zustandsautomat in Abbildung 4.1 ab.

Die Menge der verwendbaren Funktionen im authentisierten Zustand bezeichnen wir mit Dienstberechtigung. Diese berechnet sich aus den Parametern der kryptographischen Protokolle PACE, TA und CA. Hier existiert eine besonders hohe Vielfalt an möglichen Eingabekombinationen, für die Vorschriften und Bedingungen existieren, um daraus die Dienstberechtigung zu berechnen.

Die anwendungsabhängigen Funktionalitäten, die durch die Dienstberechtigung legitimiert sind, berechnen, abgesehen von der RI, statische und einzig und allein von den personalisierten Eigenschaften der Karte abhängende Ergebnisse. Es muss daher nur die Überprüfung vorgenommen werden, ob diese Funktionalität durch die Dienstberechtigung legitimiert ist, und ob das von der Funktionalität berechnete Ergebnis korrekt ist. Es wird hier also nicht angenommen, dass sich beispielsweise das Ergebnis mehrfacher gleicher Datenausleseanfragen verändert.

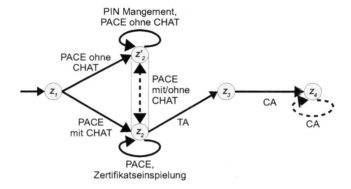

Abbildung 4.1: Zustandsmodellierung der Authentisierung, ohne den Endzustand. Im Zustand z_4 ist die gegenseitige Authentisierung abgeschlossen, so dass der Dienst nun die legitimierten Funktionen nutzen kann.

4.1.1 Untersuchung des Eingaberaumes

Eine kontaktlose Chipkarte, die ISO/IEC 14443 konform ist, kann nach dem Verbindungsaufbau beliebige Zeichenketten empfangen und zum Chip der Karte weiterleiten. Der Verbindungsaufbau, sowie Empfang und Senden von Daten findet in einer Einheit in der Chipkarte statt, die außerhalb des die Anwendung implementierenden Chips liegt, so dass intern transparent eine kontaktbehaftete Kommunikation nach ISO 7816 durchgeführt werden kann [33]. Somit bilden beliebigen Zeichenketten die Grundlagen des Eingaberaumes. Diese Eingaben werden vom Chipkartenbetriebssystem empfangen und analysiert, so dass alle Eingaben, die nicht dem Paketformat der ISO 7816 entsprechen abgelehnt werden und nur ISO 7816 konforme Pakete an die Anwendung hochgereicht werden. EAC 2.0 konforme Chipkarten können mit einer Teilmenge der Pakete, die in der ISO 7816 definiert sind, umgehen[1]. Die Datenfelder der Kommandos sind in der TR-03110 durch eine ASN.1 Grammatik definiert, die nach der Richtlinie DER-TLV kodiert werden. Abbildung 4.2 zeigt den möglichen Eingaberaum der zur Karte übertragbaren Pakete.

Aus dieser Klassifikation leiten wir nun diejenigen Eingaberäume ab, auf die wir uns in der Prüfung konzentrieren und begründen die Vernachlässigung bestimmter Eingaberäume.

Das Chipkartenbetriebssystem für einen EAC 2.0 konformes Ausweisdokument, wie der elektronische Personalausweis, muss zertifiziert sein, so dass bestimmte Fehlerklassen von vornherein ausgeschlossen werden können. Es ist durch funktionale Tests allein nicht möglich alle Fehlerklassen zu testen und ein hohes Sicherheitsniveau zu garantieren. Der Zertifizierer erhält die Chipkartensoftware in Form von Quellcode und kann diese analysieren und Schwachstellen finden. Dabei konzentriert sich die Zertifizierung auf Schwachstellen in der Implementierung eines Moduls und zertifiziert die Module der Software einzeln. Für den Zufallsgenerator existieren beispielsweise eigene Richtlinien, die geprüft werden müssen, um die Sicherheit der Karte sicherzustellen. Auf Grund der Zertifizierung nehmen wir im Rahmen dieser Systematik

---

[1]Das Kommando "General Authenticate" ist noch nicht Bestandteil der ISO 7816. Um die Eingaberaumbetrachtungen zu vereinfachen, gehen wir davon aus, dass dieses Kommando Bestandteil der ISO 7816 ist.

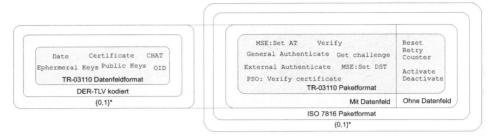

Abbildung 4.2: Mögliche Eingaben für eine Karte. Unterscheidung der ISO 7816 APDUs, die ein Datenfeld besitzen und diejenigen, deren Datenfeld leer ist. Exemplarische Aufzählung von Paketen der jeweilig relevanten Eingaberäume.

an, dass bei Empfang von gültigen ISO 7816-4 Pakete die Karte „korrekt" reagiert. Insbesondere ist anzunehmen, dass Pakete, die nicht dem ISO 7816-4 Standard entsprechen, von dem Chipkartenbetriebssystem abgelehnt werden und die Programmlogik und den inneren Sicherheitszustand nicht beeinflussen. Aus diesem Grund werden wir den Eingaberaum der ungültig kodierten ISO 7816-4 Pakete (also {0,1}* / {ISO 7816-4 Paketformat}) nicht in unsere Prüfung aufnehmen.

Weiterhin konzentrieren wir uns in der Prüfung nicht auf die Pakete, die nicht in der TR-03110, aber in der ISO 7816 spezifiziert sind, da wir davon ausgehen, dass das Betriebssystem nicht willkürlich unbekannte Befehle verarbeitet. Der Fokus unserer Tests liegt auf gültige ISO 7816 APDU's, die einem Paketformat der TR-03110 entsprechen, sowie auf Pakete deren Datenfeld nicht der vorgegebenen ASN.1 Grammatik oder DER-TLV Kodierung entsprechen und bei denen Interpretationsfehler vermutet werden.

Hier schließen wir auf Grund der Zertifizierung des Chipkartenbetriebssystems aus, dass durch ungültig kodierte TR-03110 Pakete, folgende Zustandsänderungen in der Software passieren:

- Willkürliche Änderung des Sicherheitszustands, wie zum Beispiel die Möglichkeit die eID Applikation zu benutzen bevor PACE abgeschlossen wurde.

- Veränderung von bereits eingespielten Daten, wie zum Beispiel die nachträgliche Veränderung des CHATs oder der Zertifikate (Angriff der Kategorie Buffer-Overflow-Attacken).

- Karte wird unbenutzbar.

Tests können auf Grund des Stichprobencharakters nicht zeigen, dass das Betriebssystem sicher gegen Angriffe mit diesen Zielen ist. Die Menge der zu testenden Eingaben für diese Angriffe ist im Vorfeld nicht eingrenz- oder partitionierbar, und ist nur anhand einer realen Implementierung überprüfbar. Nur dem Zertifizierer ist es daher möglich eine zuverlässige Aussage über die Sicherheit gegen derartige Angriffe zu zeigen, da dieser den Quellcode einsehen kann.

Wir senden ungültige Pakete zu der Karte ({ISO 7816 Paketformat} / {TR 03110 V2}) mit dem Ziel folgendes Fehlverhalten zu provozieren:

- Beantwortung mit falschen Fehlercodes oder Ignorieren der fehlerhaften Kodierung und Behandlung als gültiges Paket.

- Abschluss von Protokollen, obwohl das Protokoll noch nicht vollständig abgeschlossen war.

Paketformat (PF) Datenfeld (DF)	Gültiges TR-03110 PF	Ungültiges TR-03110 PF
Valide TR-03110 V2 DER-TLV kodierte ASN.1 Strukturen.	Intensive Verwendung, Gliederung in gültige zu dem PF passende DF und nicht passende DF.	Stichprobenartige Verwendung, insbesondere um das korrekte Verhalten in kryptographischen Protokollen zu überprüfen.
DER-TLV kodiert	Stichprobenartige Verwendung, die sich hauptsächlich durch Hinzufügen, Löschen oder Vertauschen von gültigen DF ergibt.	Wird nicht betrachtet, da davon ausgegangen wird, dass diese Pakete korrekt von dem Betriebssystem ignoriert werden.
{0,1}*	Stichprobenartige Verwendung, insbesondere um das korrekte Verhalten in kryptographischen Protokollen zu überprüfen.	Wird nicht betrachtet, da davon ausgegangen wird, dass diese Pakete korrekt von dem Betriebssystem ignoriert werden.

Abbildung 4.3: Übersicht des Eingaberaums, der von der Systematik abgedeckt wird.

Die Freiheiten, die durch das Datenfeldobjekt entstehen, müssen intensiv untersucht werden, da hier davon auszugehen ist, dass in das Betriebssystem neue Funktionalitäten integriert wurden, die nicht in Projekten erprobt sind. Zwar wird sich das Modul des TLV Parsers selbst in anderen Projekten bereits bewährt haben, dennoch sollte sichergestellt werden, dass die Karte durch Übermittlung ungültiger TLV Strukturen nicht "abstürzt" oder der inneren Sicherheitszustand ändert. Weiterhin muss sichergestellt werden, das das Verhalten bei gültig TLV kodierten Datenfeldern, die aber nicht der Grammatik des zugehörigen TR-03110 Paketes entsprechen, korrekt ist, und in jedem Fall eine Fehlermeldung erzeugt.

Pakete mit gültigem TR-03110 Paketformat, deren Datenfelder einer Grammatik der TR-03110 entsprechen, bilden den Großteil der Testeingaben. Dabei können zwei Fälle unterschieden werden: Entweder die validen Parameter passen zu dem Paketformat oder sie gehören zu anderen Paketformaten. Hierbei muss auf Grund der großen Anzahl der durchzuführenden Tests auf Vollständigkeit verzichtet werden. Es werden beispielsweise im Feld der erwarteten Parameter der PACEDomainParameter die CADomainParameter eingesetzt, aber nicht die TADomainParameter oder RIDomainParameter.

Die TR-03110 beschreibt nicht für jede Zustands- und Paketkombination eine erwartete Ausgabe. Diese Pfade müssen stichprobenartig ausgeführt und überprüft werden, ob sie korrekt abgelehnt werden oder ob sie den inneren Sicherheitszustand verändern (siehe Vorgehen zur Testanzahlverkleinerung beim Zustandstest auf Seite 43).

Tabelle 4.3 zeigt eine Übersicht der möglichen Eingabekombinationen und fasst die obigen Betrachtungen zusammen.

Komplexität der Eingabe

Die in einem Paket auftretenden Felder Tag, P1, P2, Längenfeld sind einfach strukturiert. Komplexe Eingaben sind nur im Datenfeld möglich. Dieses ist nur in seltenen Fällen in dem Sinne komplex, dass es mehr als 2 Informationen kodiert.

Die Parameter des „MSE:Set AT"-Kommandos sind von der Anzahl hoch, aber besitzen keine tief-geschachtelten Strukturen. Nur der CHAT kodiert abhängig vom Typ zwischen 5 und 40 Informationen. Ein in der Terminal Authentisierung übertragenes Zertifikat enthält zusätzlich zum CHAT weitere Felder, die auf Grund optionaler Felder bis zu 60 Informationen enthalten können.

Diese Eingaben sind daher besonders zu analysieren. Es ist klar, dass auf Grund der Anzahl der möglichen Eingaben auch hier auf erschöpfenden Test verzichtet werden muss: Es existieren 2^{40} unterschiedliche mögliche eID-CHATs. Zertifikate können bis zu 1024 Byte lang sein, so dass die Anzahl aller Zertifikate ebenfalls den Rahmen des erschöpfenden Tests sprengen.

Aus diesem Grund sind die Eingaben

- Im PACE auftretender CHAT
- In der Terminalauthentisierung übertragene Zertifikate

gesondert zu behandeln und bildet die Grundlage eines eigenen Prüfobjekts. Hier muss der Prozess der Prüfung gründlich und nachvollziehbar sein, da diese eine hohe Sicherheitsrelevanz besitzen. Mittels Bildung von funktionalen Äquivalenzklassen müssen die Autorisierungsmechanismen gezielt überprüft werden. Ein Fehler im Bereich der Dienstberechtigung bedeutet möglicherweise entweder die Gefährdung der Datensicherheit des Ausweisinhabers oder die Unfähigkeit der Ausübung von Funktionalitäten.

4.1.2 Chipkartenbetriebssystem abhängige Implementierungsunterschiede

Es existiert eine Vielzahl von Chipkartenbetriebssystemen (card operating system - COS), wie zum Beispiel das TCOS, CardOS oder StarCOS, die alle die ISO 7816 implementieren.

Jedoch gibt es betriebssystemabhängige Unterschiede in der Umsetzung und Überprüfung von Berechtigungmechanismen. So kann das Starten eines Protokolls bei nicht Erfüllung von Voraussetzungen sofort fehlschlagen, in anderen Betriebssystem wird die Validierung erst vorgenommen, wenn ein Zugriff auf sensitive Daten stattfindet. Dies hat zur Konsequenz, dass die Nachbedingungen eines Testfalls oder Testschrittes nicht immer fest definierbar sind. Der Testfallingenieur muss daher für jeden Testfall darauf achten, dass die Nachbedingungen unabhängig vom Betriebssystem sind. Dies führt dazu, dass in manchen Testfällen die Nachbedingungen aus mehreren Schritten bestehen.

Wurde beispielsweise PACE mit der MRZ durchgeführt und ein eID CHAT angegeben (dies ist eine unzulässige Kombination, da die eID Anwendung nur mit der PIN oder der CAN gestartet werden kann), so kann ein Betriebssystem bereits das Starten von TA verbieten, eine andere Betriebssystemimplementierung erst beim Zugriff auf die Datengruppen oder anderen Funktionalitäten eine Fehlermeldung ausgeben. Im Folgenden wollen wir untersuchen, welche Auswirkungen diese Unterschiede auf das Prüfobjekt haben.

Betriebssysteme, die Sicherheitszustände intern durch einen Zustandsautomaten modellieren, liefern schneller Fehlermeldungen. Diesem prinzipiellen Vorteil steht gegenüber, dass diese Betriebssysteme viele Validierungen vornehmen und sich dadurch der Testaufwand erhöht, weil jede dieser Validierungen getestet werden muss. Ein weiteres Problem stellt die Überprüfung dar, ob durch die Fehlermeldung der innere Zustand, der nicht aus der Karte ausgelesen werden kann[2], korrekt gesetzt wurde. Aus diesem Grund muss nach Ausgabe der Fehlermeldung der

---

[2]Zwar gibt es in bestimmten Chipkarten Kommandos, die Informationen über den internen Zustand der Karte ausgeben, diese werden aber nach Abschluss der Entwicklung deaktiviert, so dass diese Kommandos für den

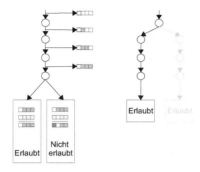

Abbildung 4.4: Vergleich der Berechtigungsprüfmechanismen.

modellierte Zustand anhand des Verhaltens überprüft werden: Für bestimmte Sicherheitslevel werden Leserechte auf bestimmte Dateien freigeschaltet, die vor Ausführung des Tests noch nicht lesbar waren. Nur durch die Überprüfung dieser Rechte kann sichergestellt werden, dass der modellierte Zustand mit dem tatsächlichen inneren Zustand übereinstimmt.

Ist das Betriebssystem hingegen so programmiert, dass Zugriffsrechte und die Protokollreihenfolge erst bei Zugriff auf Dateien oder Benutzung von Funktionen geprüft wird, so definiert sich der Zustand der Karte ausschließlich über einen inneren „Sicherheitsvektor". Theoretisch könnte diese implementierende Logik zur Veränderung und Überprüfung des Sicherheitsvektors einfacher aufgebaut und somit fehlerunanfälliger sein, weil die umzusetzende Logik für einen Zustandsautomaten, der für jeden Protokollschritt eine spezifische Berechtigungsinformationen überprüft, aufwendiger ist. Für das Terminal kann dies aber ein höheren Aufwand oder sogar ein Verlust von Fehlerinformation bedeuten, da, falls ein Fehler aufgetreten ist, nun nicht mehr entschieden werden kann, an welcher Stelle der Fehler gemacht wurde.

4.2 Prüfstrategie

Die Grundlage der in dieser Arbeit vorgestellten Prüfstrategie zur Entwicklung von funktionalen Systemtests bildet die Klassifikationsbaummethode mit vorgestellten Erweiterungen. Im Folgenden wollen wir zunächst die Wahl dieser Prüfmethode begründen und dann zeigen, wie der Prozess zur Entwicklung eines Systemtests – die Prüfstrategie – unter Verwendung dieser Prüfmethode aussehen kann.

Die Prüfmethoden, die zur Entwicklung von funktionalen Systemtests in Frage kommen, können als Wissensbasis lediglich Spezifikationen und Lastenhefte verwenden. Alle anderen Prüfmethoden relevanten Eigenschaften ergeben sich aus dem Anwendungsprofil von Chipkartensoftware für Ausweisdokumente. Zunächst ist Chipkartensoftware, die ISO 7816 konform ist, eingabezentriert und befolgt das Master-Slave Prinzip: Das zu testende Objekt – die Karte – kann nur dann Pakete senden, wenn zuvor das Terminal ein Paket gesendet hat. Der Testprozess ist daher besonders einfach zu modellieren, da keine dynamischen Reaktionen behandelt werden müssen.

---

funktionalen Systemtest nicht verwendet werden können. Weiterhin würde die Analyse und Interpretation des inneren Zustandes implementierungsspezifische Informationen erfordern, was dem Prinzip eines funktionalen Systemtests widerspricht.

Im Folgenden beschreiben wir die Prüfmethoden-relevanten Eigenschaften, die sich aus der Softwaredomäne der elektronischen Ausweisdokumente ergeben:

1. Die Ein- und Ausgabe von elektronischen Ausweisdokumenten ist maschinenlesbar. Das Datenfeld ist maschinenlesbar kodiert und kann daher eindeutig interpretiert werden. Der CHAT und die Zertifikate besitzen eine hohe Datendichte und besitzen auf Grund des Verwendungszwecks hohe Qualitätsziele, da ein Fehler in der Verarbeitung die Datensicherheit und den Datenschutz des Inhabers gefährden kann.

2. Die Anzahl der in die Berechnung der Dienstberechtigung einfließenden Bedingungen ist hoch. Die Berechnung der Dienstberechtigung besitzt hohe Qualitätsziele.

3. Die eigentliche Struktur der Anwendung ist eine lineare Abfolge von Protokollen, die als Baum dargestellt werden kann. Es existieren nur zwei Schleifenentscheidungen, die gesondert betrachtet werden müssen.

4. Die Anzahl der inneren Zustände einer elektronischen Ausweisdokuments ist klein. Es existieren neben dem Fehlbedienungszähler, dem Attribut, ob die PIN deaktiviert ist, und der inneren Uhr keine Kartenindividuellen Eigenschaften.

Die Klassifikationsbaummethode ist dafür konzipiert worden, beliebig strukturierte Eingaben nachvollziehbar zu partitionieren und kann daher besonders gut die Eigenschaften 1 und 2 abbilden und die systematische Prüfung unterstützen. Wie in Unterabschnitt 3.2.2.3 gezeigt kann die Prüfmethode erweitert werden, um lineare Kontrollflüsse – also auch lineare Protokollabläufe – zu modellieren und kann daher Eigenschaft 3 gut abbilden.

Für die Schleifenentscheidungen ist die Klassifikationsbaummethode zwar prinzipiell nicht konzipiert worden, allerdings haben wir auch hier Vorgehen vorgestellt, um diese mit der Klassifikationsbaummethode zu modellieren. So können die Zertifikatsketten in einem eigenen Klassifikationsbaum modelliert werden, dessen Testfälle aus mehreren Testschritten bestehen. Eine Zertifikatskette wird durch einen Testfall mit genauso vielen Testschritten wie Zertifikaten abgebildet. Die Zertifikatsketten können auf diese Weise übersichtlich mit der Klassifikationsbaummethode modelliert werden. Für die Modellierung der inneren Zustände (Eigenschaft 4) können wir prinzipiell unabhängig vom den Protokollabläufen modellieren und stellt keine Probleme dar.

Auch ermöglicht die Klassifikationsbaummethode für Teile des Systems die automatisierte Testfallableitung, für die dann ähnlich wie bei dem „Partitions-Test" Prädikate (siehe Unterabschnitt 3.2.2.1) eingefügt werden müssen, um den beliebigen Zusammenhang zwischen innerem Zustand, Ergebnisse und Eingabe einzuschränken.

Die Modellierungssprache der Klassifikationsbaummethode reicht für eine einfach strukturierte Anwendungen – wie die der Ausweisdokumente – aus, so dass der Vorteil der geringen Einarbeitungszeit für die am Prüfprozess Beteiligten ausgenutzt werden kann. Potentiell sollten alle am Projekt Beteiligten das Modell nachvollziehen, prüfen und pflegen können.

Aus diesen Gründen werden wir diese Methode verwenden, um Modelle für Prüfobjekte zu erstellen und daraus Tests abzuleiten. Um die Übersicht zu gewährleisten, modellieren wir die Anwendung nicht in einem einzelnen Klassifikationsbaum, sondern teilen die Anwendung in aufeinander aufbauende Prüfobjekte, zu denen jeweils bestimmte Prüfziele definiert werden. Jedes Prüfobjekt kann dann mit der Klassifikationsbaummethode modelliert werden. Aus dem Modell können dann die Tests abgeleitet werden, deren Selektionen prinzipiell nur von den Qualitätszielen des Prüfobjekts abhängen.

Grundsätzlich sollten die Tests nach dem Prinzip des Zustandstest abgeleitet werden, aber auf Grund der hohen Anzahl entstehender Testfälle kann das Vorgehen des Zustandstests, wie in Kapitel 3.2.2.4 beschrieben, eingeschränkt werden. Jede Einschränkung muss aber dokumentiert werden, um die Wartung und Pflege des Systemtests zu ermöglichen.

Als Werkzeug kann der bereits in Unterabschnitt 3.2.2.3 verwendete Klassifikationsbaumeditor benutzt werden. Wir erweitern dieses Werkzeug, um aus dem Modell und den Testfalldefinitionen Dokumente zu erzeugen, die eine textuelle Beschreibung jedes Testfalls enthalten. Auch werden wir exemplarisch Testimplementierungen aus dem Modell erzeugen und somit einen weiteren Vorteil des Modellbasierenden Tests auszunutzen: Dieser besteht darin, dass die Lücke zwischen Testfallbeschreibung und Implementierung durch die gemeinsame Arbeit an einem einzigen Modell gefüllt wird. Alle von dem Prüfer durchgeführten Änderungen wirken sich direkt ohne weitere Interaktion auf die Testimplementierung aus. Der Implementierer wiederum muss ausschließlich das Modell geeignet attributieren und keine Arbeit in die Umsetzung der einzelnen Tests investieren, deren einzelne Implementierung sich direkt aus dem vom Implementierer attributierten Modell ergibt.[27]

Im Folgenden beschreiben wir zunächst das Vorgehen zur Identifikation der Prüfobjekte und anschließend den eigentlichen Prozess der Prüfobjektanalyse.

4.2.1 Identifikation der Prüfobjekte

Aus einem Lastenheft für Ausweisdokumente, die auf der TR-03110 basieren, eignet sich folgendes Vorgehen zur Ermittlung der Prüfobjekte. Bestehe das Lastenheft aus Anforderungen, so müssen die Anforderungen gruppiert werden, wobei es möglich ist, dass eine Anforderung zu mehreren Prüfobjekten zugeordnet wird. Für die Unterteilung der Anforderungen in Prüfobjekte können folgende nicht-formale Ansätze verwendet werden:

1. Alle Anforderungen, die ein Teilprotokoll definieren, bilden ein Prüfobjekt.

2. Querschnittsanforderungen werden allen Prüfobjekten zugeordnet, die sie betreffen.

3. Anforderungen, die mehreren Protokollen zugeordnet werden können, bilden eigene Prüfobjekte.

Aus den Prüfobjekten kann ein Graph erzeugt werden, der die zeitlichen Zusammenhänge zwischen den Prüfobjekten abbildet. Wie oben erwähnt besteht eine Ausweisanwendung in der Regel aus baumartigen Abläufen, so dass der entstehende Graph topologisch sortiert werden kann. Zu jedem Prüfobjekt können nun individuelle Prüfziele definiert werden.

4.2.2 Prozessbeschreibung der Prüfung eines Prüfobjekts

Nachdem die Prüfobjekte identifiziert wurden, beginnt der möglicherweise aufteilbare Modellierungs- und Testfallselektionsprozess. Diese Prozesse können wie folgt gegliedert werden:

1. Analyse der Spezifikationen und erneute Ermittlung aller Anforderungen für das Prüfobjekt.

2. Ermittlung aller Eingaben, die für dieses Prüfobjekt relevant sind. Gruppierung der Eingaben in:

    a) Verbindungssichteingaben: Alle Eingaben, die für den Ablauf über das Prüfobjekt hinaus notwendig sind.

b) Detailssichteingaben: Alle Eingaben, die nur innerhalb des Prüfobjekts relevant sind.

3. Bildung der Verbindungssicht in Form eines Klassifikationsbaums, in dem die Verbindungssichteingaben dieses und des Vorgängerprüfobjekts (bezüglich des Graphens) modelliert werden. Außerdem enthält die Verbindungssicht eine zunächst leere Klasse – die Detailsichtklasse.

4. Bildung der Detailsicht in Form eines Klassifikationsbaums, in dem die Detailsichteingaben modelliert werden. Die Detailsicht modelliert neben den Detailsichteingaben die möglichen Protokollabläufe. Für die Modellierung dieser Abläufe verwende das in Unterabschnitt 3.2.2.3 genannte Schema. Die Detailsicht ersetzt die Detailsichtklasse der Verbindungssicht.

5. Erzeugung und Selektion von Testfällen aus der Verbindungssicht und der Detailsicht des Prüfobjekts.

Es ist davon auszugehen, dass die Detailsicht deutlich mehr Klassen und Kategorien enthält als die zugehörige Verbindungssicht. Da die Verbindungssicht von anderen Prüfobjekten wiederverwendet wird, sollte darauf geachtet werden, dass nur die Informationen in der Verbindungssicht modelliert werden, die tatsächlich von anderen Prüfobjekten benötigt werden. In der Detailsicht werden daher alle Tests modelliert, die spezifisches Verhalten, wie zum Beispiel Fehlerbehandlung des Prüfobjekts prüfen.

Die Unterscheidung der beiden Sichten bildet elegant den Zustandstest ab: Die Verbindungssicht modelliert einen Knoten des Modells in dem die gültigen Eingaben des Zustands vollständig abgebildet sind. Die Fehler, die von Tests der Verbindungssicht aufgedeckt werden, können als Soll-Funktionalitäten verhindernde Fehler kategorisiert werden. Auf einer Detailsicht basierende Tests finden Fehler, die zwar nicht die Basisfunktionalitäten verhindern, aber die Sicherheit des Prüfobjekts gefährden. Ist es beispielsweise möglich, dass obwohl PACE mit einem CHAT, der Altersverifikation verbietet, durchgeführt wurde dennoch Altersverifikation durchgeführt werden kann, ist dies eine Gefährdung des Datenschutzes und somit die Nichterfüllung des Qualitätsziel Sicherheit.

Somit kann jeder Test eindeutig auf ein Prüfobjekt abgebildet werden. Die Frage, ob ein Testfall bereits spezifiziert wurde, kann so beantwortet werden, dass zunächst das in dem Testfall untersuchte Verhalten analysiert wird und daraus das zugehörige Prüfobjekt bestimmt wird, dass den Test enthalten sollte. Innerhalb des Prüfobjekts kann schnell festgestellt werden, ob ein Testfall im Modell abgebildet werden kann oder ob er bereits definiert ist, da die Tests nach den verwendeten Testklassen sortiert werden können.

Der oben genannten Testfall, dass Altersverifikation durchführbar ist, obwohl der CHAT in PACE diese verhindert, prüft also das korrekte Verhalten der Dienstberechtigung und nicht der Spezialfunktion der Altersverifikation und muss daher in der Detailsicht der Dienstberechtigung modelliert werden.

Der vorgeschlagene Prozess endet an dem Punkt, an dem die Testfälle spezifiziert wurden. Durch die hohe Wiederverwendung der Verbindungssicht, sind fehlerhafte Modellierung des Testers schnell korrigierbar.

Dennoch kann es sinnvoll sein, zu Dokumentationszwecken oder zur Analyse der Testfälle eine textuelle Ansicht der nur graphisch repräsentierten Testfälle zu erzeugen. Für die textuelle Darstellung der Testfälle muss dieser in Testschritte und Ergebnisse unterteilt werden. Für die automatisierte Erzeugung der textuellen Ansicht muss die Unterteilung in Testschritte durch At-

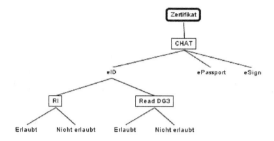

Abbildung 4.5: Vereinfachte Version des Zertifikatklassifikationsbaumes

tributierung der Knoten erfolgen, so dass der Teilbaum einen Testschritt umsetzt. Alle Kinder dieses Knotens sind also Bestandteil dieses oder eines darauffolgenden Testschrittes. Zusätzlich kann es Klassen in dem Testschrittknoten geben, der das erwartete Ergebnis repräsentiert. Alle Kinder dieses Knotens modellieren daher das Ergebnis des Testschrittes. In Abbildung 3.5 auf Seite 38 muss also die Komposition „Schritt 1" und „Schritt 2" jeweils mit der „Testschritt"-Information, sowie die jeweiligen Ergebnisknoten mit der „Testschrittergebnis"-Information attributiert werden. Auf diese Weise kann ein Dokument erzeugt werden, welches die selektierten Klassen des Tests auf sequentielle Testschritte aufteilt.

Weiterhin kann die automatisierte Ausführung der Tests erwünscht sein. Der Vorteil des bisherigen Prozesses liegt darin, dass der Prüfer ausschließlich in einem Modell arbeitet, was an jeder Stelle wiederverwendet werden kann. Die Modellierungsmöglichkeiten sind dabei so limitiert, dass faktisch keine Einarbeitungszeit für Außenstehende notwendig ist, um mit dieser Systematik arbeiten zu können.

Würde die Implementierung unabhängig vom Modell durchgeführt werden, würde die Verbindung zum Modell verloren gehen. Jede Änderung im Modell oder in den Tests müsste manuell in der Implementierung nachgebessert werden. Da in dem Schritt der Implementierung der Testfälle kein produktiver Wissensgewinn stattfindet (im Gegensatz zu dem eigentlich Qualitätssicherungsaspekt, der unbefangen Analyse, siehe Kapitel 3.2), ist es kein Qualitätsverlust die Implementierung automatisiert abzuleiten.

Jeder Test definiert eine Menge von Klassen und diese repräsentieren einen bestimmten Knoten im Modell. Durch Attributierung dieser Modellknoten könnten die für die Implementierungen notwendigen Informationen direkt im Modell eingearbeitet werden. Um die Menge der Attribute zu verringern, sollten Hilfsfunktionen und -klassen implementiert werden, die nur von den aus dem Modell erzeugten Implementierungen aufgerufen werden müssen.

Im Folgenden beschreiben wir am Beispiel der in den Tests definierten Zertifikate, wie die automatische Erzeugung der Zertifikate aus dem Modell funktionieren kann: Betrachte hierfür den vereinfachten Baum der Zertifikate Abbildung 4.5.

Um die automatische Erzeugung des Zertifikats zu ermöglichen, attributieren wir die Knoten des Modells mit den zusätzlichen Informationen, wie in Tabelle 4.6 gezeigt.

Bei der Erzeugung der Implementierung aus dem Modell werden die Attribute extrahiert und verarbeitet; ein Test mit den Klassen „RI.erlaubt" und „Read DG3.erlaubt" erzeugt folgenden Implementierungsexport:

Knoten	Attribute	
	Name	**Wert**
Zertifikat	preTestCode	certificate = new ${certificateType}Certificate();
	access	certificate
CHAT	access	${access}.getCHAT()
eID	certificateType	eID
ePassport	certificateType	ePassport
eSign	certificateType	eSign
RI.Nicht erlaubt	code	${access}.setRI(0);
RI.Erlaubt	code	${access}.setRI(1);
Read DG3.Nicht erlaubt	code	${access}.readDG3(0);
Read DG3.Erlaubt	code	${access}.readDG3(1);

Abbildung 4.6: Attribute für die automatisierte Erzeugung einer Testimplementierung

```
certificate = new eIDCertificate();
certificate.getCHAT().setRI(1);
certificate.getCHAT().readDG3(1);
```

Im Anhang A beschreiben wir den Algorithmus, wie diese Implementierung abgeleitet werden kann.

Es ist vorstellbar, dass auf diese Weise alle Informationen in das Zertifikat, welches in der Implementierung unter dem Namen `certificate` angesprochen werden kann, eingetragen werden können. Es wird weiterhin deutlich, dass Änderungen der Testfälle prinzipiell nicht vom Implementierer bearbeitet werden müssen, wenn keine Veränderung der Baumstruktur vorliegt.

Auf diese Weise können prinzipiell aus allen Modellen automatisiert Implementierungen oder beliebige Exporte angefertigt werden, ohne die Struktur der Modellierung anpassen zu müssen. Für die automatisierte Ableitung von Übersichtsansichten, Implementierungen, Textdokumenten und Statistiken kann das im Rahmen dieser Arbeit erstellte Werkzeug „CTE–Export" verwendet werden, welches wir im Anhang C beschreiben.

4.3 Bewertungsmöglichkeiten

Aus der Modellierung der einzelnen Prüfobjekte lassen sich verschiedene Maße berechnen:

- Anzahl der Testfälle je Prüfobjekt
- Anzahl der Klassen, Kategorien und Kompositionen je Prüfobjekt
- Anzahl der modellierten Anforderungen je Prüfobjekt
- Anzahl der Testklassen eines Tests

Aus diesen Maßen lässt sich ein gewisses Komplexitätsprofil eines Prüfobjekts ableiten. Die Menge der über dem Modell definierten Tests können nun automatisiert unter folgenden Punkten analysiert werden:

- Gibt es Testklassen, die in keinem Test vorkommen?

- Sind die Tests nach Veränderung des Modells konsistent?
- Wie oft wurde eine Testklasse in Tests verwendet?
- Wieviele Tests sind zu jeder Anforderung definiert?

Nach der Überprüfung, ob diese Punkte erfüllt sind, kann ein individuelles von den Prüfzielen abhängendes Testendekriterium definiert werden.

4.4 Vorteile gegenüber anforderungsbasiertem Test

Im Folgenden wollen wir den Vorteil dieser Prüfstrategie gegenüber dem rein anforderungsbasiertem Test zeigen, bei dem Abhängigkeiten zwischen Anforderungen schlecht abgebildet werden. Wir verwenden ein Beispiel, in dem zwei Anforderungen existieren, deren „Querabhängigkeiten" Tests erzeugen, die beiden Anforderungen zuzuordnen sind:

1. Das Kommando „Reset Retry Counter" ist nur nach erfolgreich abgeschlossenem PACE ohne CHAT oder im authentisierten Zustand und der Erlaubnis PIN Management durchzuführen möglich.

2. PACE kann mehrfach durchgeführt werden, so dass sich der neue Sicherheitszustand aus den Parametern des zuletzt durchgeführten PACE Durchlaufs ergibt.

Die Anforderungstestanalyse der ersten Anforderung ergibt, dass geprüft werden muss, ob das Kommando „Reset Retry Counter" in anderen Zuständen oder in den genannten Zuständen unter anderen Bedingungen nicht erfolgreich ist.

Der Test "PACE mit CHAT → PACE ohne CHAT → Reset Retry Counter" kann hingegen nicht zwingend Anforderung 1 zugeordnet werden, weil hier ein Fehler in der korrekten Implementierung des mehrfachen PACE Durchlaufs *im Zusammenhang* mit der Berechtigung des "Reset Retry Counter" vermutet wird. Zwar ergibt die Anforderungstestanalyse der zweiten Anforderung, dass PACE mehrfach durchgeführt wird. Die Notwendigkeit des genannten Tests ergibt sich aber erst aus der Kombination der beiden Anforderungen.

Dieses Beispiel zeigt dass Testfälle beim rein Anforderungsbasiertem Test mehreren Anforderungen zugeordnet werden müssen. Testfälle können daher nicht ohne weiteres verändert werden, weil sie an verschiedenen Stellen referenziert werden. Durch die Einführung von Referenzen in den Anforderungen erhöht sich die Komplexität der entstehenden Testspezifikation. Falls ein Testfall auf jeder Anforderung einzeln eingetragen wird, entsteht auch das Problem der Redundanz und der schlechteren Wartbarkeit, da die Korrekturen eines Tests Änderung an verschiedenen Stellen notwendig machen.

5 Anwendung der Systematik auf Chipkartensoftware von Ausweisdokumente

In diesem Kapitel wenden wir die im vorherigen Kapitel vorgestellte Systematik an und entwickeln einen Systemtest, der auch für den elektronischen Personalausweis gültig ist. Dafür werden wir zunächst die Prüfobjekte identifizieren und anschließend die Prüfobjekt modellieren und Tests ableiten. Dabei werden wir hier wichtige Testentscheidungen und Testziele dokumentieren. Das Ergebnis je Prüfobjekt ist eine Modellierung sowie eine Menge von Testfällen je Prüfobjekt, die der Arbeit beiliegen.

Wir werden die meisten Testfälle hier nicht konkret abbilden. Für jedes Prüfobjekt werden wir hier statistische Daten angeben, wie zum Beispiel die Anzahl der definierten Testfälle, der Knoten im Modell und der Klassen je Modell.

Bevor wir uns der Prüfobjektidentifizierung widmen, beschäftigen wir uns mit Problemen, die durch die Ausführung vieler Testfälle auf eine einzelne Chipkarte entstehen können.

5.1 Probleme der Testfalldurchführung

Da die Chipkarte während des Testdurchlaufs seinen Zustand verändert, muss vor der Durchführung eines einzelnen Tests ein konsistenter Kartenzustand – der Testseingangszustand bzw. Karteneingangszustand – hergestellt werden. Die Herstellung des Karteneingangszustands erfolgt durch Setzen der PIN, Reset des PIN-FBZ und Aktivieren der eID Anwendungen[3].

Für das Attribut der inneren Uhr sowie den vorinstallierten Wurzelzertifikaten ist das Einstellen von konkreten Werten problematisch, da die innere Uhr nicht zurückgesetzt oder ausgelesen werden kann. Im Rahmen der Tests könnte daher folgende Konventionen eingehalten werden, die ermöglicht den Stand der inneren Uhr aus den CARs [1] der Wurzelzertifikate abzuschätzen: Das Auslaufdatum dieses Zertifikats wird zusätzlich in der Sequenznummer der Wurzelzertifikate kodiert, bei dem der Monat alphanumerisch kodiert wird. Besitzt ein Wurzelzertifikat das Auslaufdatum 31.03.2009, so könnte die Sequenznummer des CARs „31C09" lauten. Nach Rückgabe der CAR bei PACE kann die innere Uhr nun auf den 31.03.2009 abgeschätzt werden.

Mittels dieser Konvention ist es daher möglich für Tests, die einen konkreten Stand der inneren Uhr verlangen, automatisiert einen Testeingangszustand herzustellen: Zunächst wird PACE mit einem CHAT durchgeführt. Aus den zurückgegebenen CAR's werden dann Linkzertifikate abgeleitet und eingespielt, dessen Gültigkeitszeitraum auf dem Auslaufdatum des vorinstallierten Wurzelzertifikats basiert.

---

[1] Der CAR (siehe Seite 15) besitzt nach der TR-03110 folgendes Format: 2 Byte „Country Code", bis zu 9 Byte „Holder Mnemonic", 5 Byte „Sequence Number"

Nachteil an diesem Verfahren ist, dass durch den begrenzten Wertebereich des Datums vom 1.1.2000 bis zum 31.12.2099 die Gesamtanzahl der durchführbaren Tests verringert wird. Um diese Gesamtanzahl zu erhöhen, sollte die Standardgültigkeit der Zertifikate verringert werden. Ein Wurzelzertifikat sollte im Rahmen der Testvorbereitung daher initial nur 7 Tage, ein DV-Zertifikat 4 Tage und ein Terminalzertifikat nur 2 Tage gültig sein. Tests, die gegen konkrete CV-CA Zertifikate testen können weiterhin beliebige (länger gültige) Zertifikate einspielen, solange die Sequenznummer stets das Auslaufdatum kodiert. Test, die in der Vergangenheit liegende Zertifikate einspielen, müssen einen stets einen Testausgangszustand herstellen, in der immer ein Linkzertifikat eingespielt wird, welches gültig ist und dem Auslaufdatum des ursprünglichen Zertifikats entspricht, so dass die Abschätzung der inneren Uhr aus der Interpretation der Sequenznummer gültig bleibt.

Daraus ergibt sich eine maximale Anzahl von Tests, die einen konkreten Wert der inneren Uhr benötigen, aus der Anzahl der Wochen, die im Datumsformat darstellbar sind. Da das Jahresfeld einen Wert zwischen „00" und „99" und somit 100 Jahre ermöglicht, beträgt die maximale Anzahl der Tests $\frac{100*365}{7} \approx 5214$.

Neben der „praktisch" begrenzten Gesamtanzahl der Tests (sollte die Gesamtanzahl überschritten werden, kann natürlich der Testplan mit mehreren Testkarten durchgeführt werden), folgt aus der Tatsache, dass Zertifikate eine zentrale Rolle innerhalb des Testprozess einnehmen, dass der Aufwand zur Erstellung einer feststehenden Liste von Zertifikaten für jeden Test immens ist. Jedes Zertifikat müsste vollständig ausdefiniert und für jedes Zertifikat müssten die kryptographischen Schlüssel generiert und referenziert werden, so dass die erstellten Signaturen konsistent sind. Im Falle eines Testabbruchs, der entweder auf einen Fehler auf der Karte oder einen Fehler in der Testspezifikation zurückzuführen ist, können die Tests in der Regel nicht automatisiert wiederholt oder fortgeführt werden, da bis zu dem Zeitpunkt des Fehlerauftritts bereits ein anderes Linkzertifikat eingespielt wurde oder durch den Testabbruch ein für den weiteren Verlauf notwendiges Linkzertifikat nicht eingespielt werden konnte. Dies macht die Durchführung der Testspezifikation aufwendig, weil eine große Anzahl von Testkarten benötigt wird. Viel aufwendiger ist nun aber die Pflege der Testspezifikation, da nun die *Reihenfolge* der Tests darüber entscheidet, ob die Testspezifikation konsistent ist. Das Hinzufügen eines neuen Testfalls verlangt das Prüfen, ob durch diesen Test der Zustand der inneren Uhr oder der installierten Wurzelzertifiakte verändert wird, und die darauffolgenden Tests betreffen könnte.

Die Verwendung eines dynamischen Zertifikatgenerators, der zur Laufzeit Zertifikate für alle Tests generieren kann, ist hier zu bevorzugen und erschlägt die Nachteile und neuartigen Aufwendungen einer feststehenden Zertifikatsliste. Einen solchen Zertifikatgenerator, der alle Zertifikate (und auch fehlerhaften Zertifikate) und Signaturen während der Testdurchführung erzeugen kann, beschreiben wir im Anhang B. Dieser kann in allen Prüfobjekten auf einfache Weise integriert werden, um aus den Tests automatisiert Implementierungen zu generieren. Durch die Verwendung dieses Zertifikatgenerators können nun beliebig an jeder Stelle Tests hinzugefügt und verändert werden, da der Testeingangszustand nun automatisiert zurückgesetzt werden kann.

5.2 Prüfobjektidentifizierung

Ausgehend von Abbildung 4.1 identifizieren wir die Prüfobjekte PACE, Zertifikateinspielung, TA, CA und PIN Management.

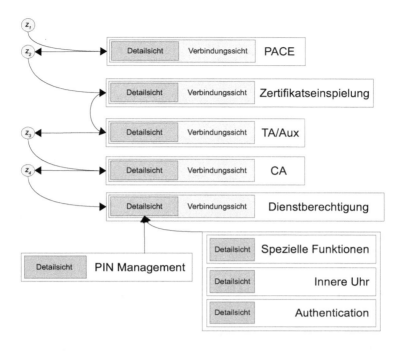

Abbildung 5.1: Übersicht der Prüfobjekte der Chipkartensoftware für Ausweisdokumente.

Im Prüfobjekt der Zertifikateinspielung werden die Zertifikate und Zertifikatsketten modelliert und geprüft, ob die Zertifikateinspielung korrekt funktioniert. In PACE/CA/TA wird ausschließlich die korrekte Protokollimplementierung geprüft und erst im Querschnittsprüfobjekt der Dienstberechtigung werden die tatsächliche Berechtigungen des Dienstes durch das Zertifikat geprüft. Durch diese Abstraktion ist es möglich die Prüfobjekte PACE, TA, CA ohne konkrete ausdefinierte Zertifikate zu prüfen. Lediglich in den Prüfobjekten der Zertifikatseinspielung und der Dienstberechtigung, in denen unter Anderem ungültige Zertifikate definiert werden, muss eine konkrete Definition der Zertifikate erfolgen. Die Zertifikatseinspielung verlangt die Überprüfung, ob das in der Chipkarte abgeschätzte innere Datum innerhalb der eingespielten Zertifikate liegt. Die Anforderungen der Berechnung und Umstellung des inneren Datums werden im Prüfobjekt „Inneres Datum" modelliert.

Neben den Prüfobjekten, die die elektronische Authentisierung (siehe Unterabschnitt 2.3.1) betreffen, existieren die speziellen Funktionalitäten (RI, Altersverifikation, Behördenkennzahlprüfung) der eID–Anwendung.

Die wesentliche Funktionalität des Auslesen von Ausweisfeldern der eID–Anwendung, wird im Prüfobjekt der „Authentication" geprüft. Die Komplexität dieser Prüfung sind gering, da hier nur ISO 7816–4 konforme Kommandos verwendet werden und auch die Berechtigungsprüfung nicht Bestandteil dieses Prüfobjekts ist. Hier muss mittels Grenzwertanalysen überprüft werden, ob Daten mit der definierten maximalen Länge personalisiert und ausgelesen werden können. Insbesondere die Funktionstüchtigkeit beschreibbare Datenfelder zu überschreiben muss hier geprüft werden.

Daraus ergeben sich die folgenden Prüfobjekte:

1. PACE
2. Zertifikateinspielung
3. TA/Aux
4. CA
5. Dienstberechtigung
6. PIN Management
7. Spezielle Funktionalitäten
8. Inneres Datum
9. Authentication

Abbildung 5.1 zeigt den sich aus den zeitlichen Zusammenhängen ergebenden Graphen der Prüfobjekte und inneren Sicherheitszuständen, die in Abbildung 4.1 auf Seite 49 verwendet werden.

5.3 Modellierung und Testfallableitung der Prüfobjekte

5.3.1 PACE

Das Protokoll PACE stellt entweder den ersten Schritt des Verbindungsaufbaus dar oder wurde wiederholt ausgeführt. Daraus ergeben sich die Vorbedingungen, ob PACE zuvor durchgeführt wurde, oder nicht. Es existieren folgende Protokollparameter für das „`MSE:Set AT`"–Paket, welches den Protokollablauf spezifiziert:

- CHAT (Verbindungssicht)
- PACE Geheimnistyp (Verbindungssicht)
- Kryptographische Algorithmus Referenz (Detailsicht)
- Protokollauswahl (Detailsicht)
- Referenz von Domainparametern der Karte, welche zuvor aus der „`EF.CardAccess`" ausgelesen wurde (Detailsicht)

Weiterhin existieren verschiedene kryptographische Zwischenprodukte, die der Detailsicht zuzuordnen sind.

5.3.1.1 Verbindungssicht

Von den genannten Parametern sind lediglich der Typ des CHATs und der PACE Geheimnistyp für den Ausgang von PACE relevant, weil diese die letztliche Dienstberechtigung bestimmen. Der Fall, dass eine eID–Anwendung mittels der CAN im PACE verwendet wird, bedarf der expliziten Erlaubnis durch das Zertifikat und muss daher auch in der Verbindungssicht unterschieden werden.

Der PACE Geheimnistyp ist nach der Authentisierung irrelevant, aber muss aus Chipkartenbetriebssystem abhängigen Unterschieden zu späteren Zeitpunkten nachvollziehbar bleiben und wird daher in die Verbindungssicht aufgenommen (siehe Kapitel 4.1.2). Aus diesem Grund er-

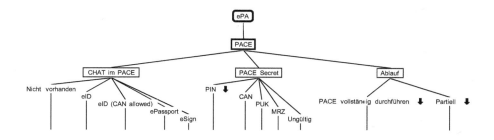

Abbildung 5.2: Verbindungssicht des Teilprüfobjekts PACE

gibt sich die Verbindungssicht in Abbildung 5.2.

Hier beschränken wir die Details des CHATs auf den Applikationstyp, weil wir annehmen, dass ein sich in den Berechtigungsstufen unterscheidender CHAT nicht den Ausgang von PACE beeinflusst. Welcher CHAT tatsächlich übertragen wurde und ob die darin kodierten Berechtigungen korrekt verarbeitet werden, wird im Prüfobjekt der Dienstberechtigung geprüft und gehört nicht in die Verbindungssicht oder Detailsicht von PACE.

Alle anderen Parameter, wie zum Beispiel der gewählte vorübergehende Basispunkt (siehe Abschnitt 2.3.6), sind nur für den erfolgreichen Abschluss von PACE relevant und werden für andere Prüfobjekte nicht in Betracht gezogen.

5.3.1.2 Detailsicht

In der Detailsicht modellieren wir das PACE Protokoll nach dem im Unterabschnitt 3.2.2.3 gezeigten Schema. Alle Kombinationen von gültigen mit ungültigen Parametern oder nicht mit PACE im Zusammenhang stehenden Parametern werden hier modelliert.

Der PACE–Klassifikationsbaum wurde attributiert, so dass Implementierungen und Dokumentation ableitbar sind und stellt daher eine Referenzumsetzung für alle Prüfobjekte dar. Die zugehörige Attributierung, die wir im Anhang A beschreiben, sowie die erzeugte Implementierung, liegen der Arbeit bei.

Weiterhin können wir am PACE–Prüfobjekt die automatisierte Ableitung von Testfällen aus der Detailsicht zeigen. Dafür haben wir Prädikate definiert, um unmögliche oder nicht erreichbare Testkombinationen auszuschließen. Beispielsweise muss die Chipkarte elliptische Punkte, die nicht auf der Kurve liegen, ablehnen. Hierfür erzeugen wir das folgende Prädikate:

```
1GA.Gültig ⇒
    ((!Ephemeral Schlüssel.Gültig or !Prefix.Gültig) ⇒ 2GA.Abgelehnt)
```

Dieses Prädikat besagt, dass falls das erste „General Authenticate" (1GA) erfolgreich war und die Parameter des zweiten „General Authenticate" (2GA) ungültig sind, dann muss das Ergebnis von 2GA „Nicht erfolgreich" sein. Tests, die diesem Prädikat widersprechen, werden nicht generiert. Insgesamt wurden 11 Prädikate definiert, die den Zusammenhang zwischen Eingabeklassen und Ergebnis modellieren. Aus dem Modell wurden automatisiert 31 Tests abgeleitet. Diese Tests stellen sicher, dass die PACE Protokollparameter in jedem Protokollschritt validiert werden.

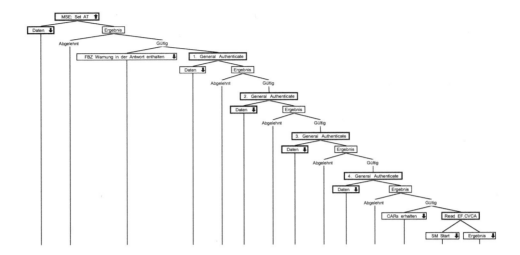

Abbildung 5.3: Ausschnitt der Detailsicht

Da PACE mehrfach ausgeführt werden kann, benötigen wir weiterhin Testfälle, die das korrekte Verhalten von PACE zeigen, falls PACE in einem bereits vorhandenen durch PACE erzeugten „Secure Messaging"–Kanal (SM–Kanal) stattfindet. Dafür verwenden wir das Konzept der Testschritte (siehe Unterabschnitt 3.2.2.3), um PACE wiederholt mit unterschiedlichen Parametern durchzuführen. Um zu überprüfen, ob die Karte nach erfolgreichem Abschluss von PACE den Sicherheitszustand korrekt umgesetzt hat, lesen wir am Ende eines erfolgreichen PACE Durchlaufs eine Datei, die nur gelesen werden kann, falls ein durch PACE eröffneter SM–Kanal hergestellt wurde. In der beiliegenden Implementierung verwenden wir die Datei „EF.CVCA", die allerdings nach der TR–03110 eine optionale Datei ist, und stellt daher nur dann eine gültige Überprüfung dar, wenn das Prüfobjekt diese Anforderung umsetzt.

Insgesamt besitzt der PACE Klassifikationsbaum 59 Klassenknoten, 23 Klassifikationsknoten und 11 Kompositionsknoten. Es wurden 60 Tests definiert, von den 5 Tests aus mehreren Testschritten bestehen und die mehrfache PACE Ausführungsfunktionalität prüfen. Unter den 60 Tests befinden sich 15 positiv Tests.

5.3.2 Zertifikateinspielung

Die Zertifikateinspielung besteht im wesentlichen aus zwei Teilen: Dem Protokoll der Zertifikateinspielung (siehe Abschnitt 2.3.7), in dem mittels des „MSE:Set DST"-Kommandos ein Zertifikat angekündigt und mittels des „PSO: Verify Certificate"-Kommandos der Zertifikatskörper und die Signatur der ausstellenden Instanz eingespielt wird, sowie einer Menge von logischen Regeln, die für eine eingespielte Zertifikatskette eingehalten werden müssen. Die Testfälle leiten wir daher unter folgenden Aspekten ab:

- Das Protokoll der Zertifikateinspielung wurde unvollständig oder falsch durchgeführt (automatische Testfallableitung).
- Die Zertifikatskette ist falsch aufgebaut:

- Initial darf nur ein Zertifikat vom Typ „Wurzelzertifikat" (CVCA-Zertifikat) oder ein DV-Zertifikat eingespielt werden.

- Nachdem ein DV-Zertifikat eingespielt wurde, kann nur noch ein Berechtigungszertifikat eingespielt werden.

- Die Signaturen sind ungültig.

- In den Zertifikaten sind ungültige CARs eingetragen.

- Der PACE CHAT gehört zu einer anderen Anwendung als der CHAT der Zertifikate.

- Die Zertifikate sind ungültig aufgebaut:

  - Fehlende Pflichtfelder im Zertifikat.

  - Zusätzliche ungültige Felder.

  - Semantisch oder syntaktisch ungültige Felder.

- Gültige Zertifikatsketten, die keine Linkzertifikate enthalten (Positivfälle).

- Gültige Zertifikatsketten, die Linkzertifikate enthalten (Positivfälle).

- Abgelaufene Zertifikatsketten müssen abgewiesen werden.

5.3.2.1 Verbindungssicht

Die Verbindungssicht der Zertifikateinspielung ist übersichtlich, siehe Abbildung 5.4. Die Komplexität liegt in den Details der zu beschreibenden Zertifikate, die in dem Knoten „Certificate" modelliert werden. Die Zertifikate und die Zertifikatsketten sind in einem eigenen Klassifikationsbaum modelliert, dessen Übersicht in Abbildung 5.5 dargestellt ist. Alle selektierten Testfälle können in diesem Knoten verwendet werden, so dass eine Wiederverwendung von Zertifikaten möglich ist.

5.3.2.2 Detailsicht

In der Detailsicht modellieren wir den Protokollablauf und definieren Fehlerklassen für die Protokollparameter. Für das eigentliche Protokoll leiten wir Tests automatisiert mit Hilfe von Prädikaten ab. Die Definition der ungültigen Zertifikate findet in dem Zertifikatskettenklassifikationsbaum statt.

Die Klassifikation der Gültigkeitszeiträume geschieht stets relativ über das derzeitig auf dem Ausweis gespeicherte innere Datum. Implizit bedeutet dies, dass jedes Zertifikat, dessen Gültigkeitszeitraum dieses Datum nicht enthält, ein potentielles „Fehlerzertifikat" ist. Nur in der Zukunft liegende Zertifikate, die innerhalb des derzeitigen Wurzelzertifikats liegen, werden von der Karte akzeptiert.

Innerhalb dieses Prüfobjekts wird keine Prüfung der korrekten Umsetzung der inneren Uhr vorgenommen. Dies geschieht im entsprechenden Prüfobjekt der inneren Uhr. Außerdem wird hier keine Unterscheidung zwischen den unterschiedlichen CHAT Details – analog zum PACE Prüfobjekt – vorgenommen. Die Prüfung dieser Mechanismen findet im Prüfobjekt der Dienstberechtigung statt.

Der Klassifikationsbaum der Zertifikateinspielung besitzt 437 Knoten, dessen hohe Anzahl sich aus den Zertifikatsbeschreibungen ergibt. Die Verbindungssicht ohne die Zertifikatsknoten besitzt nur 53 Knoten.

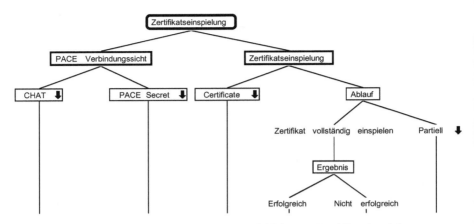

Abbildung 5.4: Verbindungssicht des Prüfobjekts der Zertifikateinspielung.

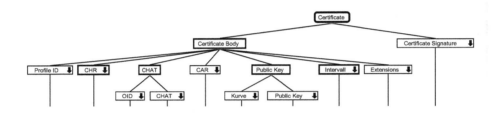

Abbildung 5.5: Übersicht des Klassifikationsbaums der Zertifikate.

Insgesamt wurden 235 Testfälle definiert, von denen 26 Testfälle positiv Testfälle darstellen.

5.3.3 TA/Aux

Im Prüfobjekt der TA wird die korrekte Protokollimplementierung untersucht. Dazu gehört, dass die Karte die „Auxilliary Data" der speziellen Funktionalitäten akzeptiert. Die für den weiteren Verlauf relevanten Eingabeparameter der TA sind daher die „Auxilliary Data". Keine weiteren Parameter der TA sind für den weiteren Verlauf relevant.

5.3.3.1 Verbindungssicht

Da in der Zertifikatseinspielung genau ein Berechtigungszertifikat eingespielt werden darf, müssen in diesem Prüfobjekt keine Details über das eingespielte Zertifikat modelliert werden. Die erneute Modellierung des eingespielten Zertifikats in der Verbindungssicht der TA wäre redundant und ist für die darauf aufbauenden Zustände irrelevant.

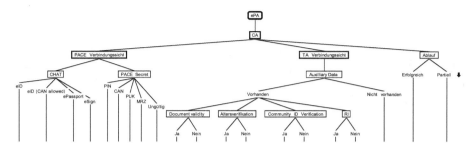

Abbildung 5.6: Verbindungssicht des Prüfobjekts CA

5.3.3.2 Detailsicht

Die Modellierung des Protokolls (siehe Abschnitt 2.3.7) erfolgt in der Detailsicht. Der Klassifikationsbaum besteht aus 93 Knoten, die Anzahl der automatisiert abgeleiteten Tests beträgt 248. Die Anzahl der automatisiert abgeleiteten Tests ist auf Grund der hohen gültigen Parameteranzahl des „`MSE:Set AT`"-Kommandos sehr hoch. Für die automatisierte Testableitung wurden 5 Prädikate definiert. Unter den 248 Tests befinden sich 13 positiv Tests.

5.3.4 CA

Nachdem die Zertifikateinspielung und die TA abgeschlossen wurde, kann in diesem Zustand die Datei „`EF.CardSecurity`" ausgelesen werden. In dieser Datei befinden sich die Schlüssel, dessen Besitz der Chip im Rahmen der CA beweisen kann. Da die Authentisierung gegen einen bestimmten Schlüssel nicht für den weiteren Verlauf relevant ist und dieser Parameter der einzige Parameter für die CA ist, erweitert sich die Verbindungssicht der CA nicht um weitere Parameter gegenüber der TA. In diesem Prüfobjekt wird daher nur die korrekte Protokollimplementierung und die Fehlerbehandlung getestet.

5.3.4.1 Verbindungssicht

Die modellierte Verbindungssicht der CA, die weitgehend aus der Verbindungssicht der TA besteht, ist in Abbildung 5.6 abgebildet.

Die Tests der Verbindungssicht bilden alle Kombinationen des PACE CHATs und Geheimnistyps zusammen mit „einigen" Auxilliarydatakombinationen. Da an dieser Stelle nicht die korrekte Umsetzung der speziellen Funktionalitäten durchgeführt wird, sondern die CA geprüft wird, werden hier stichprobenartig Auxilliary-Data-Kombinationen getestet und geprüft, ob die CA erfolgreich durchgeführt werden kann. Die Anzahl der Verbindungssichttests beträgt 112.

5.3.4.2 Detailsicht

Die Modellierung des Protokolls (siehe Abschnitt 2.3.8) erfolgt in der Detailsicht. Unter Verwendung von sechs validierenden Prädikaten werden für die Kombination „eID CHAT (PACE), PIN (PACE), Auxilliary Data: Document Validity (TA)" 292 Testfälle erzeugt, von denen 5

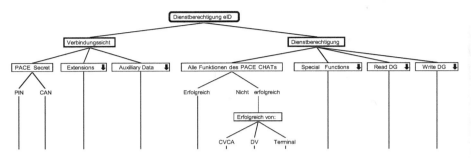

Abbildung 5.7: Verbindungssicht des Prüfobjekts der Dienstberechtigung

Testfälle zum Absenden des „General Authenticate" kommen und die übrigen Testfälle, die verschiedenen Parameterfelder des „MSE:Set AT"-Kommandos ausreizen.

Im Falle eines erfolgreichen Verbindungsaufbaus, wird die Veränderung des inneren Sicherheitszustands anhand der Ausführung der Funktionalität der Dokumentengültigkeit des in der TA übertragenen Datums getestet. Kann dieses Kommando erfolgreich durchgeführt werden, bedeutet dies, dass die Karte den inneren Sicherheitszustand korrekt umgesetzt hat. Die Funktionalität wird auch dann ausgeführt, wenn innerhalb des Protokolls ein Protokollabbruch stattgefunden hat. In diesem Fall wird erwartet, dass die Funktionalität nicht ausführbar ist, um zu überprüfen, dass der Sicherheitszustand nicht versehentlich umgesetzt wurde.

5.3.5 Dienstberechtigung

Das Prüfobjekt der Dienstberechtigung besitzt besonders viele Parameter: Das PACE Geheimnis, den PACE CHAT, die eingespielten Zertifikate, das vorinstallierte Wurzelzertifikat sowie die Auxilliary Data der TA gehen in die Berechnung der Dienstberechtigung ein.

5.3.5.1 Verbindungssicht

Da die Dienstberechtigung das letzte Prüfobjekt der elektronischen Authentisierung ist, wird in der Verbindungssicht der Dienstberechtigung lediglich ein Autorisierungstemplate modelliert. Die Details der Zertifikate und des CHATs werden in der Detailsicht modelliert.

5.3.5.2 Detailsicht

Die Detailsicht modelliert den CHAT, die eingespielten Zertifikate sowie das Wurzelzertifikat und die übertragenen „Auxilliary Data".

Prinzipiell werden 2 Ansätze verfolgt die korrekte Dienstberechtigung zu überprüfen:

- Alle bis auf eine Funktionalität sind erlaubt.
- Alle bis auf eine Funktionalität sind verboten.

Sind diese beiden Szenarien für alle Funktionalitäten sichergestellt, so bedeutet dies, dass alle Zertifikatsfelder mit der richtigen Funktionalität korrekt verknüpft sind und einfache Zugriffsfehler ausgeschlossen werden können.

Neben der korrekten Zuordnung muss die Berechnung der Berechtigung geprüft werden. Hier wird exemplarisch an den Lese-Funktionalitäten geprüft, ob die Funktionalitäten entsprechend dem obigen Schema erreichbar sind, falls entweder CVCA, DV, Terminal oder PACE CHAT die Funktionalität verbieten oder erlauben.

Insgesamt wurden 150 Tests mit 15 positiv Tests definiert, dessen hohe Anzahl sich auch aus der gezielten und detaillierten Prüfung der Verknüpfung zwischen Zertifikatsfelder und Funktionen ergibt.

6 Erfahrungsbasierter Systemtest

Auf Basis der TR-03110 wurde einen Systemtest für EAC 2.0 konforme Ausweisdokumente erstellt, die in der TR–03105[5] verfügbar ist. Die beauftragte Firma hatte bereits Erfahrung aus dem bereits abgeschlossenem Projekt des elektronischen Reisepasses erlangt und kannte daher die Probleme, die Chipkartensoftware für Ausweisdokumente häufig besitzen. Zusätzlich kann sie die gewonnenen Erfahrungen der Probleme des elektronischen Reisepasses in der realen Welt einbeziehen. Der erstellte Systemtest ist in Form eines Textdokuments vom BSI auf Anfrage erhältlich.

Das einleitende Kapitel des Textdokuments beschreibt die grundlegenden Eigenschaften des Dokuments und Produkts, welches mit diesem Systemtest geprüft wird. Im anschließenden Kapitel werden zunächst die in den Tests verwendeten Zertifikate definiert. Alle Parameter der Zertifikate wie das Gültigkeitsintervall, CHR, CAR, „Certificate Extensions", der CHAT und gegebenenfalls das „Public Key" Feld werden sowohl in Freitext, als auch in kodierter Form beschrieben.

Für jedes Prüfobjekt gibt es ein Kapitel, in dem zunächst bestimmte Parameter und Prüfziele für die darauf folgenden Prüffälle in Freitext definiert werden. Der Umfang dieser Beschreibung beträgt in der Regel eine halbe Seite.

Jeder Prüffall wird in einer Tabelle dargestellt, welche Freitext enthält. Diese Tabelle enthält eine Beschreibungszeile, die grundsätzlich den Testablauf und das Testergebnis beschreibt und zum Teil eine Begründung für das erwartete Verhalten und das Testziel definiert. Eine weitere Zeile definiert die Voraussetzungen für den Test, in der der Zustand der Karte beschrieben wird, bevor das Szenario durchgeführt werden soll. Hier wird zum Beispiel definiert, dass die Karte bereits PACE mit PIN und einem eID–CHAT abgeschlossen hat.

Die Zeile der Testfallbeschreibung enthält eine nummerierte Liste, die die Testschrittsequenz definiert. Hier wird beschrieben, dass ein Paket gesendet oder eine Antwort der Karte überprüft werden soll. Die erwarteten Ergebnisse der Testschritte der Testfallbeschreibung wird in einer weiteren Zeile beschrieben. Entsprechend wird entweder die erwartete Antwort oder das erwartete Ergebnis der Prüfung definiert. Teilweise gibt es hier auch mehrere mögliche gültige Antworten, die sich zum Teil aus der benötigten COS-Unabhängigkeit der Testspezifikation (siehe Abschnitt 4.1.2) begründet.

6.1 Systematik

Die einzige Abstraktion, die eingeführt wurde, um die Testfälle zu gliedern, sind die Prüfobjekte. Die Reihenfolge der Prüffälle innerhalb eines Prüfobjekts ist unstrukturiert. In der Regel werden zunächst die positiv Tests beschrieben. Anschließend wird das Prüfobjekt auf Eingaben getestet, die gültig im Rahmen der TR–03110 sind, aber inhaltlich einen Widerspruch erzeugen oder einer Anforderung widersprechen. Ein Beispiel für einen solchen Test ist das „External Authenticate"-Kommando in der TA, in der versucht wird mit einer ungültigen Signatur das

Protokoll abzuschließen. In diesem Test wird also geprüft, ob die Karte die Protokolle richtig implementiert und die Karte in einen Fehlerzustand überführt.

Das Dokument ist ca. 350 Seiten lang und ist daher zunächst schwer zu überblicken. Problematisch ist, dass die 202 Prüffälle, die auf das Profil des elektronischen Personalausweises passen, schwer analysiert werden können, weil sich die Prüfobjekte in ihrem Anwendungsgebiet zwangsläufig überschneiden.

Der Anwendungsfall der Suche nach Tests, die PUK im PACE–Protokoll verwenden, kann nur durch die Textsuche im Dokument durchgeführt werden. Komplexere Anfragen sind hingegen nur durch manuelle sequentielle Suche der Testfälle möglich, was bedingt durch die Anzahl der Tests sehr aufwendig ist. Das Dokument ist kein Arbeitsdokument und eignet sich nicht für die Übergabe an einen dritten Verantwortlichen, der die Testfälle analysieren und auf Vollständigkeit prüfen oder auf Grund von sich ändernden Anforderungen angepasst werden soll. Zwar könnte das Dokument für die Weitergabe an einen externen Implementierer verwendet werden, hierfür wird aber eine inhaltlich korrekte Testspezifikation benötigt, so dass die Reviews dieser zuvor abgeschlossen sein müssen.

Diese Prüfung auf inhaltliche Korrektheit und Vollständigkeit wird durch die erfahrungsbasierte Systematik, und dem Freitextcharakter des Textdokuments erschwert. Tatsächlich zeigt sich auf Grund der Komplexität der Testspezifikation, die sich auch durch die Länge und den hohen Freitextgehalt zusätzlich erhöht, dass viele Fehler in den Tests enthalten sind, die zum Teil erst bei sehr genauer Analyse oder der Implementierung auffallen.

Ist ein solcher Fehler gefunden, ist die Frage danach, ob dieser Fehler auch an anderen Stellen gemacht wurde, wieder nur durch manuelles Suchen in den Testfällen möglich. Das wiederum kann zu einer nicht vollständigen Korrektur des Fehlers führen und auch Folgefehler erzeugen. Die Pflege und die Wartung des Dokuments wird daher als sehr aufwendig und nicht ökonomisch eingeschätzt. Derzeit wird versucht die Qualität des Dokuments durch zahlreiche Reviews zu erhöhen.

6.2 Analyse der Testfälle

Für die Analyse der Testfälle haben wir diese zunächst in eine strukturierte Form übertragen, welche verschiedene Spalten für wesentliche Informationen besitzt. Die Ergebnisse liegen der Arbeit bei. Diese Tabelle kann gefiltert und sortiert werden. Die Menge der Tests, die einen PACE CHAT und Auxilliary Data verwenden, lässt sich auf diese Weise schnell ermitteln. Weiterhin haben wir für die Analyse und den Vergleich mit dem im vorherigen Kapitel erstellen Systemtest die Tests nach dem Testziel und -zweck gruppiert. Folgende Testziele haben wir hierfür definiert:

- **Positiv Test**
  Ein „Positiv Test" ist ein Test, der einen erfolgreich abgeschlossenen Anwendungsfall prüft. Dieser Begriff macht nur Sinn, wenn die Anwendungsfälle erfolgreiche Abläufe beschreiben und das Verhalten bei Fehlern nur in Anforderungen festgelegt wird. Ansonsten fällt jeder Test ein Anwendungsfall und würde in die Kategorie „Positiv Test" fallen.

- **Fehlversuch**
  Ein Fehlversuch ist ein Ablauf eines Protokolls, welches nicht erfolgreich abgeschlossen werden konnte, weil zum Beispiel eine Signatur ungültig ist.

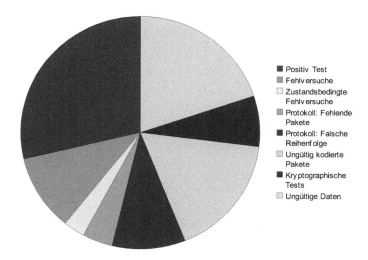

Abbildung 6.1: Anteile der Testkategorien im erfahrungsbasierten Systemtest

- **Zustandsbedingte Fehlversuche**
  Zustandsbedingte Fehlersuche sind „Positiv Tests", die durch Veränderung des karteninternen Zustands allerdings fehlschlagen. Ist die PIN beispielsweise gesperrt, so ist kein PACE mit PIN möglich.

- **Protokoll: Fehlendes Paket**
  Ein fehlendes Paket ist ein typischer Fehler, mit dem die Karte umgehen können muss. Wird ein Protokoll nicht vollständig durchgeführt, aber das nächste bereits gestartet, muss die Karte diesen Vorgang ablehnen.

- **Protokoll: Falsche Reihenfolge**
  Auch die falsche Reihenfolge zweier Pakete innerhalb eines Protokolls könnte zum einem Fehler in der Software führen.

- **Ungültig kodierte Pakete**
  Die Tests dieser Kategorie sind Fehler, welche ungültig DER TLV kodierte Pakete übermitteln.

- **Kryptographische Tests**
  Die Tests dieser Kategorie prüfen die korrekte Implementierung der kryptographischen Prädikate. Beispielsweise muss ein übertragener elliptischer Punkt auf der vorher festgelegten Kurve liegen, ansonsten lassen sich „Small Subgroup"–Angriffe durchführen.

- **Ungültige Daten**
  Die Tests dieser Kategorie übertragen Daten, die nur unter bestimmten (nicht in dem Test gegebenen) Bedingungen zulässig sind.

Abbildung 6.1 zeigt die Anteile der TR–03105 Testfälle, die auf das Profil des elektronischen Personalausweises passen, in der Übersicht. Der Anteil der positiv Tests beträgt ungefähr 27%.

Der vorliegenden Arbeit liegt die Analyse der Testfälle und eine kurze Beschreibung von jedem Test der Testspezifikation im Form einer filter- und sortierbaren Exceldatei bei.

7 Vergleich

Die beiden vorgestellten Prüfstrategien erzeugen unterschiedliche Testspezifikationen. Da es eine große Menge von Tests in den Testspezifikationen gibt, die identisch sind, untersuchen wir im Folgenden, welche Testspezifikations-spezifischen Tests entstanden sind. Ein Vergleich der Testspezifikationen auf Basis der Anzahl der Testfälle lässt dabei keine objektive Beurteilung zu, da die Anzahl der Testfälle sich auch aus dem investierten Aufwand ergibt. Somit muss die Abdeckungsqualität der Tests auf Basis eines Testanzahl unspezifischen Kriteriums gebildet werden.

Neben dem Merkmal der Abdeckungsqualität der Testspezifikation sind auch ökonomische Faktoren zu betrachten. Der Aufwand zur Erstellung, zur Erweiterung und zur Wartung muss beachtet werden, um neben dem qualitativen Vergleich auch eine Aussage über die Wirtschaftlichkeit des Verfahrens zu treffen.

7.1 Vergleich der Abdeckungsqualität

Der in Kapitel 6 vorgestellte erfahrungsbasierter Systemtest besitzt ca. 200 Testfälle, die auf das Profil des zu untersuchenden Prüfobjekts passen. Aus der Testfallkategorisierung folgt, dass sich ca. 30% Prozent der Testfälle aus positiv Tests ergeben. Nach den Beobachtung auf Seite 43 und Abschnitt 3.4 bilden positiv Tests nur einen kleinen Anteil der Testfälle.

Der Anteil der positiv Testfälle kann daher als Indikator für die Abdeckungsqualität der Anforderungen interpretiert werden. Je mehr positiv Tests in einer Testspezifikation enthalten sind, umso mehr Anforderungen wurden betrachtet. So kann die Menge der positiv Tests als Wissensbasis des Testers angesehen werden. Alle anderen Tests, die nicht zu dieser Kategorie gehören, testen Seiteneffekte der Anforderungen, Verhalten bei nicht Erfüllung der Anforderungen und nicht in Anforderungen definiertes Verhalten. Je größer daher der Anteil der nicht-positiv Tests ist, desto intensiver werden die betrachteten Anforderungen getestet.

Der Anteil der positiv Tests bei dem betrachteten erfahrungsbasierten Systemtest liegt mit ca. 30% deutlich höher als bei der hier vorgestellten Prüfstrategie, bei der der Anteil ungefähr 5% beträgt. Das bedeutet, dass bei dem erfahrungsbasierten Systemtest verhältnismäßig weniger Tests erstellt wurden, die „um die Anforderung herum" testen.

Die hier eingeführte Metrik der Testspezifikationsbewertung ist für jede Testspezifikation messbar, bedarf allerdings einer subjektiven Unterscheidung zwischen „Positiv Test" und nicht-„Positiv Test". Die Grenze zwischen diesen Kategorien ist in nicht-modellbasierten Testspezifikation fließend. Unter Verwendung der hier vorgestellten modellbasierten Prüfstrategie, ist die Anzahl der „Positiv-Test" allerdings sogar automatisiert berechenbar, solange die Regeln der Systematik eingehalten werden: Die Menge der Tests, die nicht die Detailkategorisierung verwenden und somit ausschließlich über der Verbindungssicht definiert sind, sind positiv Tests.

7.2 Vergleich des Aufwands und Wartbarkeit

Wie bereits in Kapitel 3.5 beschrieben, bildet die grundlegende Prüfmethode der Prüfstrategie der Klassifikationsbaummethode eine leicht zu lernende, übersichtliche, wiederverwendbare Methode, die klar zwischen Modellierung und Testfallselektion trennt. Die auf Seite 44 genannten Anwendungsfälle treten bei der Entwicklung einer Testspezifikation häufig auf, und können unter Verwendung eines geeigneten Werkzeuges effizient beantwortet werden.

Die Prüfung einer Testspezifikation kann weitestgehend durch die Prüfung der Abdeckung der Anforderung im Modell des Prüfobjekts durchgeführt werden. Sich verändernde Anforderungen können schnell angepasst werden, indem die Anforderungen beispielsweise direkt im Klassifikationsbaum attributiert werden. Fehler in der Testspezifikation können nach der Identifikation der fehlerhaften Testklasse korrigiert werden, so dass alle betroffenen Testfälle ohne weiteren Eingriff angepasst werden. Die Implementierung kann nach einer Korrektur einfach neu generiert werden.

Die Möglichkeit sowohl Testmodellierung, Testfallselektion und Testimplementierung innerhalb eines Werkzeuges durchzuführen, verkürzt oder ersetzt aufwendige Kommunikationsprozesse bei nur kleinen Änderungen in den Anforderungen.

7.3 Zusammenfassung und Ausblick

Die Verwendung einer systematischen Prüfstrategie ermöglicht den aufwendigen Prozess der Systemtesterstellung in nachvollziehbare und überprüfbare Zwischenstufen (Modellierung, Testfallselektion, Modellimplementierung sind unabhängige Prozesse) zu teilen.

Durch die Einführung der Zwischenstufen und des sich im Zentrum befindlichen Modells können die Iterationszyklen der Systemtestentwicklung stark verkleinert werden. Dies entspricht der Tendenz moderner Softwareentwicklungsmethoden, wie zum Beispiel der agilen Methode, kürzere Phasen und mehr Wiederholungen zu verwenden, durch die der Anteil der erfolgreich abgeschlossenen Projekte erhöht werden kann (siehe Kapitel 1).

Die übersichtliche Darstellung des Modells und die Ersetzung der Prüfung einer langen Testspezifikation durch die Prüfung des Modells erhöht die Wartbarkeit, verringert die Einarbeitungszeit und kann – wie oben gezeigt – sowohl Aufwand verringern als auch Abdeckungsqualität erhöhen.

Weiterhin hat sich gezeigt, dass der Testprozess unter Verwendung von Werkzeugen wesentlich beschleunigt werden kann. Durch die Verwendung unterstützender Werkzeuge, wie dem Zertifikatsgenerator, können aufwendige Prüfobjekte gründlicher analysiert und komplexere Testfälle erstellt werden. Dies führt zu einer Erhöhung der Testspezifikationsqualität.

Es bleibt zu untersuchen, welche Fehleraufdeckungsraten die durch die Prüfstrategie gewonnenen Tests besitzen. Im Rahmen dieser Arbeit kann diese Frage nicht beantwortet werden und bedarf der Durchführung der Tests auf reale Implementierungen, für die die Quelltextabdeckung gemessen werden kann.

Die Anwendbarkeit der Prüfstrategie auf Software, die nach Kapitel 4 keine Ausweisdokumentensoftware oder keine Chipkartensoftware ist, ist noch nicht ausreichend untersucht. Die Probleme beliebige Software mit der Klassifikationsbaummethode zu modellieren, liegen in dem „Sprachumfang" der Notation. Durch die nur begrenzten oder aufwendigen Möglichkeiten Wiederholungen oder Alternativen zu modellieren (siehe Abschnitt 3.2.2.3 auf Seite 38) verringert sich die Eignung der Klassifikationsbaummethode. Da die Klassifikationsbaummethode prinzipiell auch als eine Form der Ursache-Wirkungs-Analyse betrachtet werden kann, ist zu untersuchen inwiefern weitere Notationselemente in die Klassifikationsbaummethode aufgenommen werden können, um Wiederholungen und Alternativen elegant abbilden zu können, und dennoch in einer Baumstruktur zu modellieren, auf dessen Basis die Tests weiterhin einfach und übersichtlich selektiert werden können.

Anhang

A Algorithmus zur Erzeugung von Testimplementierung aus Klassifikationsbäumen

Im Folgenden beschreiben wir einen Algorithmus, der aus einem speziell attributierten Klassifikationsbaum eine Implementierung erzeugt. Zunächst iteriert der Algorithmus über jede Testklasse des Tests: Ausgehend von einer Testklasse des Tests traversiert der Algorithmus den Klassifikationsbaum bis zur Wurzel und sucht dabei nach Attributen mit dem Namen „code", „preTestCode" und „postTestCode", in dessen Attributwerten die Implementierungszeilen für die Testklasse enthalten sind.

Um die Redundanz und Größe der Attributwerte zu verringern, können in diesen sogenannte „Ersetzungsmarkierungen" verwendet werden, die syntaktisch in der Form „${Ersetzungsmarkierung}" im Attributwert der Implementierungszeilen definiert werden. Ersetzungsmarkierungen werden durch Attributwerte, dessen Name mit der Ersetzungsmarkierung übereinstimmt, ersetzt. Um nun die Ersetzungsmarkierungen aufzulösen, traversiert der Algorithmus nach Erreichen des Wurzelknotens erneut den Klassifikationsbaum vom Testklassenknoten bis zur Wurzel des Klassifikationsbaums und ersetzt die dabei auf den besuchten Knoten definierten Ersetzungsmarkierungen innerhalb der Attributwerte von „code", „preTestCode" und „postTestCode".

Beispielsweise besitzt die Testklasse „RI.erlaubt" das Attribut „code" mit dem Wert „${access}.readDG(1);". Hierbei ist „access" eine Ersetzungsmarkierung. Ausgehend von der Testklasse „RI.erlaubt" des Klassifikationsbaums auf Seite 57, werden nun die folgenden Ersetzungsmarkierungsauflösungen durchgeführt:

```
      ${access}.readDG(1);
  →   ${access}.getCHAT().readDG(1);
  →   certificate.getCHAT().readDG(1);
```

Durch Anwendung dieses Algorithmus ergeben sich für jede Testklasse Werte für „code", „preTestCode" und „postTestCode". Die erzeugte Implementierung ergibt sich nun aus der Aneinanderreihung der Werte von „preTestCode", in denen inhaltlich Vorbereitung für die Testimplementierung umgesetzt werden können, der Werte von „code", in denen Testaktionen durchgeführt werden, und der Werte von „postTestCode", in denen die Testnachbereitung und Ergebnisüberprüfung implementiert werden kann.

Dieser Algorithmus wurde dahingehend erweitert, dass Testschritte besser abgebildet werden können: Dafür sucht der Algorithmus auch nach dem Attribut „step", dem ein numerischer Wert – dem Testschritt, zugeordnet werden kann. Bei der Erzeugung der Implementierung wird dann zunächst die Implementierung der Werte der jeweiligen Testschritte erzeugt und aneinandergehangen.

B Zertifikatgenerator

Im Folgenden beschreiben wir die grundsätzlichen Anforderungen an einen Zertifikatgenerator, der den Testimplementierungsprozess vereinfachen, beschleunigen und die Qualität und Wartbarkeit der entstehenden Testfallimplementierung erhöht.

Zunächst entsteht durch das Einführen einer neuen Schnittstelle zur Zertifikatserzeugung Aufwand in Form von zusätzlicher Einarbeitungszeit. Um diese Einarbeitungszeit zu minimieren, zeigen wir eine intuitive, visuelle Schnittstelle, durch die die Bedienung des Zertifikatgenerators stark vereinfacht wird. Weiterhin wird durch die visuelle Schnittstelle ermöglicht, dass alle am Testprozessbeteiligten – und somit auch Personen, die nicht an der Testimplementierung beteiligt sind – mit der Zertifikatgeneratorschnittstelle (im Folgenden nur noch „Schnittstelle") umgehen können.

Die Schnittstelle muss auf der einen Seite innerhalb der Testimplementierung einfach und robust verwendbar sein, um die Einführung weiterer Fehlerquellen zu minimieren. Da aber auf der anderen Seite beliebige (auch fehlerhafte) Zertifikate erzeugt werden müssen, wird auch eine Schnittstelle benötigt, die beliebige TLV Strukturen darstellen und für den Fehlerfall manipulieren kann. Ziel der Beschreibung des folgenden Generators ist der Nachweis, dass die genannten Anforderungen gleichzeitig umgesetzt werden können. Weiterhin kann genau diese Schnittstelle verwendet werden, um automatisiert Testimplementierungen zu erzeugen, und dient daher implizit auch als Machbarkeitsnachweis, mit der in der vorliegenden Arbeit entwickelten Systematik und Prüfstrategie Zertifikate zu modellieren, automatisiert zu erzeugen und von den erzeugbaren Implementierungen verwenden zu lassen.

Zur Erreichung des Ziels der einfachen Bedienung und der Möglichkeit alle Zertifikate zu erzeugen, teilen wir die Schnittstelle in zwei Kategorien auf:

1. Ziel der selbstsprechende Schnittstelle ist, jedes gültige Zertifikatsfeld über einen Namen anzusprechen, der für den Leser selbsterklärend ist. Alle gültigen Zertifikatsfelder besitzen daher eine Methode, um das Feld aus dem Zertifikat oder einer Unterstruktur, wie zum Beispiel den Zertifikatserweiterungen, abzufragen. Beispiel einer solchen Methode ist „certificate.getProfileID()", die den Profile-Identifier zurückliefert, der in einem gültigen Zertifikat stets die erste Position einnehmen muss.

2. Die generische Schnittstelle ermöglicht es, beliebige TLV Strukturen zu verwalten und abzufragen. Jede TLV Struktur kann unter Verwendung dieser Schnittstelle erzeugt werden. Beispiel der Verwendung einer solchen Methode ist „certificate.getChild(0)", welches das erste Feld des Zertifikats zurückliefert – also den Profile-Identifier des Zertifikats – und „certificate.switchChild(0,1)", welches die Position des ersten und zweiten Elements innerhalb des Zertifikats austauscht.

Gefahren einer „doppelten Schnittstelle" sind stets die Seiteneffekte, die dadurch erzeugt werden, wenn beide Schnittstellen gleichzeitig verwendet werden. Würde beispielsweise die Methode „getProfileID()" durch Verwendung der generischen Schnittstellenmethode „certificate.-

```
c = new eIDCertificate();          c = new eIDCertificate();
c.getProfileIDs().setValue("01");  c.switchChlid(0, 1);
c.switchChlid(0, 1);               c.getProfileID().setValue("01");
```

Abbildung A: Beispiel der Verwendung der Generatorschnittstelle zur Erzeugung eines fehlerhaften Zertifikats. Die Implementierungen erzeugen das gleiche Zertifikat.

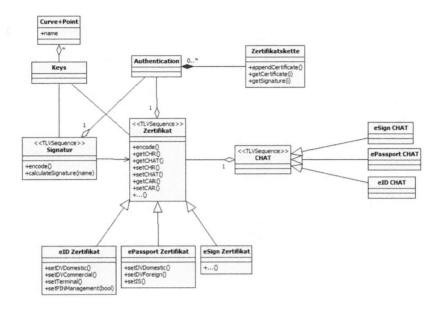

Abbildung B: Übersicht der elementaren Klassen für die Erstellung eines generischen Zertifikatgenerators.

getChild(0)" implementiert werden, würden die Implementierungen in Abbildung A unterschiedliche Zertifikate erzeugen.

Es folgt die Beschreibung der internen Struktur des Zertifikatgenerators: Intern kann der Zertifikatgenerators als simple Baumstruktur umgesetzt werden. Jeder Knoten ist dabei vom Typ „TLV" oder „TLVSequence", wobei eine „TLVSequence" beliebig viele Kinderknoten vom Typ „TLV" enthalten kann. Innerhalb dieser Klassen wird unter anderem die Kodierung „Tag, Label, Value"[20] umgesetzt. Durch die interne Umsetzung einer Baumstruktur kann sichergestellt werden, dass jede beliebige TLV Struktur und nicht nur bestimmte auf die Anwendung zugeschnittene Zertifikate dargestellt werden können. Um die selbstsprechende Schnittstelle umzusetzen, erstellen wir für jeden Zertifikatsfeldtyp einzelne Klassen vom Typ „TLV" abgeleitete Klassen. Abbildung B zeigt eine Übersicht der sich ergebenden Klassenhierarchie. Mit diesen Strukturen ist es nun möglich vollständige Zertifikate zu erstellen, die alle gültigen Zertifikatsfelder enthalten.

Weiterhin existiert das Konstrukt der Zertifikatskette, mit der es möglich ist, die Verwaltung der zwischen den Zertifikaten abhängenden Felder zu automatisieren. Diese Felder sind zum Beispiel der CAR und CHR, die Signaturen und Public Key, sowie das Gültigkeitsintervall. In die Zertifikatskette hinzugefügte Zertifikate übernehmen beispielsweise initial den CHR des zuletzt zur Zertifikatskette hinzugefügten Zertifikats im Feld des CAR. Außerdem wird automatisch der Schlüssel für die Erstellung der Signatur aus dem zuletzt hinzugefügten Zertifikats vorbereitet.

Um die Bedienung des Generators zu dokumentieren und zu erleichtern haben wir einen Zertifikatswizard erstellt, mit dem es möglich ist, die Zertifikate nach dem Prinzip des „What you

Zertifikat 1 | TLV Dump | Update

						Simple TLV +		
0x 7F4E	0x 81AC	**Certificate Body**				Simple TLV +		Del
	0x 5F29	0x 01	00			**Certificate Profile**		Del
	0x 42	0x 19	DEHolderMnemonic DE002			**Certificate Authority Reference**		Del
	0x 7F49	0x 47	**Schlüsselset:** brainpoolP224r1+Point3			Simple TLV +		Del
		0x 06	0x 0A	0.4.0.127.0.7.2.2.2.2 id-TA-ECDSA-SHA-224		**Public key OID**		Del
		0x 86	0x 39	04354F35861EF2D645EBB6DFAE6E4F10836EAF3079F73C1DDECF5		**Public Point Y**		Del
	0x 5F20	0x 19	DEHolderMnemonic DE002			**Certificate Holder Reference**		Del
	0x 7F4C	0x 12	**CHAT**			Simple TLV +		Del
		0x 06	0x 09	0.4.0.127.0.7.3.1.2.2 id-AT		**CHAT OID**		Del
		0x 53	0x 05	8000000000 Rolle: DV domestic Read access: 00000000000000000000 Write access: 00000 Special functions: 00000000		**eID CHAT**		Del
	0x 5F25	0x 06	090401			**Effective Date**		Del
	0x 5F24	0x 06	090401			**Expiration Date**		Del

			Simple TLV +	
0x 5F37	0x 01	00 Schlüsselset: brainpoolP224r1+Point1 Berechne Signatur		Del

Abbildung C: Zertifikatswizard

see is what you get" (WYSIWYG) zusammenzustellen. Exemplarisch ist dieser in Abbildung C dargestellt. Während der Bedienung des Generators über diese visuelle Schnittstelle wird ein Protokoll der durchgeführten Veränderungen gespeichert, welches direkt eine Testimplemenentierung übernommen werden kann.

Sowohl der Zertifikatgenerator als auch der Zertifikatswizard befinden sich auf der beiliegenden CD.

C Beschreibung des Werkzeugs CTE–Export

Das im Rahmen dieser Arbeit erstellte Werkzeug CTE–Export kann dafür verwendet werden, um aus Klassifikationsbäumen, die mit dem CTE XL Werkzeug erstellt wurden, bestimmte Exporte zu erstellen:

- Übersichtsansichten: Dieser Export überführt den Klassifikationsbaum in eine tabellarische Ansicht. Diese Ansicht kann helfen schnell Testfälle in einer langen Liste von Testfällen zu finden oder Verwendungen von Testklassen zu identifizieren. Dieser Export bedarf keiner besonderen Attributierung am Klassifikationsbaum.

- Implementierungen: Die nach dem im Anhang A beschriebene Attributierung ermöglicht eine Erzeugung von beliebigen Implementierungen. Der Arbeit liegen exemplarisch Implementierungen der PACE–Testfälle bei, die Pseudohilfsklassen verwendet.

- Textdokumentation: Eine Textversion der Testfälle, gegliedert in Testschritte und Testergebnisse. Der Export bedarf daher bestimmter Attribute, zur Unterscheidung zwischen Testschritt und Testergebnis.

- Statistiken: Zwei Tabellen, die die Verwendung von Testklassen und Testfällen berechnen. Diese Daten können dafür verwendet werden, um Testintensität einzuschätzen oder ein Testendekriterium zu definieren. Dieser Export bedarf keiner speziellen Attributierung.

Glossar

Authentisierung

Prozess der Identitätsprüfung und -bestätigung.

Berechtigungszertifikat

Ein Berechtigungszertifikat ist entweder ein Inspection-System-, ein Terminal- oder ein Signaturterminal-Zertifikat.

Datenfeld

Das Datenfeld in einem nach der ISO 7816 definierten Paket ist das von einer Anwendung frei definierbare Feld in einer APDU oder einer RPDU.

Detailsicht

Im Rahmen dieser Arbeit ist die Detailsicht die Modellierung des spezifischen Verhaltens eines Prüfobjekts. Hier werden alle Fehlerbehandlungen und speziellen Fehlervermutungen modelliert. Die sich aus der Detailsicht ergebenden Tests sind keine positiv Tests.

Dienstberechtigung

Die Dienstberechtigung ist die effektive Berechtigung eines Dienstes, die sich aus den Parametern von PACE, TA und CA ergeben. Diese ist monoton in der Reihenfolge des PACE CHATs, des Berechtigungszertifikats, DV Zertifikat und CVCA Zertifikat.

Domainparameter

Domainparameter bezeichnen in der Kryptographie eine Menge von Parametern zur Verwendung von kryptographischen Routinen. Für elliptische Kurven sind die Domainparameter die Parameter der Kurve, auf der ein Protokoll arbeitet oder ein Zertifikat erstellt wurde.

ISO 14443

ISO/IEC Standard für RFID und kontaktlose Karten. Hier werden Protokolle zur Überbrückung des unzuverlässigen, offenen und kollisionsbehafteten Kommunikationskanal definiert.

ISO 7816

Grundlegender ISO/IEC Standard bestehend aus 16 Teilen, die Protokolle, physikalische Eigenschaften und Interoperabilität zwischen Chipkarten und Kartenterminals festlegen.

Klassifikation

Eine Klassifikation im Rahmen der Klassifikationsbaummethode ist eine Partition eines Eingaberaumes, die sich aus einer Äquivalenzrelation ergibt.

Klassifikationsbaummethode

Funktionsorientierte Prüfmethode, deren Grundansatz ist, das Kernproblem der funktionsorientierten Tests (der Testfallselektion) durch Bildung weiterer Klassifikationen zu lösen, die die Testfallmenge erweitern.

Metrik

Im Gegensatz zum Maß definiert eine Metrik eine Größe, mittels derer vergleichende Aussagen getroffen werden können.

Partitions Test

Funktionsorientierte Prüfmethode, deren Grundansatz ist, das Kernproblem der funktionsorientierten Tests (der Testfallselektion) durch Bildung von Prädikaten zu lösen, die die Testfallmenge verkleinern.

Positiv Test

Ein positiv Test ist ein explizit definierter Anwendungsfall. Im Rahmen dieser Arbeit sind alle in der Verbindungssicht definierten Tests positiv Testfälle.

Prädikat

Ein Prädikat ist eine logische Formel, die aus einer Menge von Parametern einen Wahrheitswert berechnet.

Prüfmethode

Eine Prüfmethode bezeichnet ein Test-, Analyse- oder Verifikationsverfahren.

Prüfobjekt

Eine Spezifikation eines Produktes bzw. ein Lastenheft definiert Anforderungen, die sich in Prüfobjekte gruppieren lassen. Eine Menge von Anforderungen definiert also ein Prüfobjekt.

Prüfstrategie

Vorgehen für die Erstellung einer Testspezifikation, bestehend aus einer Kombination von Prüfmethoden.

Seitenkanalangriff

Ein Seitenkanalangriff ist ein Angriff auf die Sicherheitsobjekte in einer Chipkarte, indem beliebige physikalische Eigenschaften der Chipkarte gemessen und interpretiert werden.

Sicherheitsobjekt

Ein Sicherheitsobjekt ist ein von einer Chipkarte aufbewahrtes sensibles Geheimnis, welches dafür verwendet werden kann weitere Sicherheitsobjekte abzusichern, oder selbst ein sensibles Datum bildet.

Systemtest

Ein Systemtest ist eine Blackbox Testspezifikation, die zur Abnahme eines Produktes durchgeführt wird und die Aussagen über die Qualität des Produktes bilden kann.

Testausgangszustand

Zustand des Prüflings, im Rahmen dieser Prüfstrategie daher die Chipkarte, nach Ausführung eines einzelnen Tests.

Testeingangszustand

Zustand des Prüflings, im Rahmen dieser Prüfstrategie daher die Chipkarte, vor Ausführung eines einzelnen Tests.

Testklasse

Im Kontext der Klassifikationsbaummmethode bezeichnet eine Testklasse eine von einem Test selektierte Klasse eines Klassifikationsbaums.

TR-03110

Grundlegende technische Richtlinie des BSI für sichere maschinenlesbare Ausweisdokumente. Diese enthält in der Version 1.11 die Beschreibung der Protokolle für hoheitliche elektronische Reisedokumente, wie den elektronischen Reisepass, und in der Verison 2.0 die Beschreibung der Protokolle für sichere elektronische und auch nicht-öffentlich einsetzbare Ausweisdokumente.

Verbindungssicht

Im Rahmen dieser Arbeit ist die Verbindungssicht die Modellierung des Soll-Verhaltens eines Prüfobjekts. Aus der Verbindungssicht leiten sich alle positiv Tests ab.

Zertifikatsinhaber

Ein Zertifikatsinhaber ist eine beliebige Instanz, die ein Zertifikat von einer Instanz besitzt, welches zur Ausstellung von Zertifikaten berechtigt ist.

Literaturverzeichnis

[1] Sergej Alekseev und Rebecca Tiede. Systematic approach for using the classification tree method for testing complex software–systems. 2006.

[2] Ross J. Anderson und Ross Anderson. *Security Engineering: A Guide to Building Dependable Distributed Systems*. Wiley, January 2001.

[3] Bundesamt für Sicherheit in der Informationstechnik. Advanced Security Mechanisms for Machine Readable Travel Documents (BSI-TR 03110 V2), 2008.

[4] Bundesamt für Sicherheit in der Informationstechnik. Advanced Security Mechanisms for Machine Readable Travel Documents - Extended Access Control (BSI-TR 03110), 2008.

[5] Bundesamt für Sicherheit in der Informationstechnik. Conformity Tests for Official Electronic ID Documents (BSI-TR 03105), 2008.

[6] Bundesamt für Sicherheit in der Informationstechnik. eCards mit kontaktloser Schnittstelle als sichere Signaturerstellungseinheit (BSI-TR 03117), 2009.

[7] Bundesministerium des Innern. Schutzmechanismen gegen unberechtigtes Auslesen der Daten im ePass-Chip. `http://www.bmi.bund.de/SharedDocs/Standardartikel/DE/Themen/Sicherheit/ohneMarginalspalte/Sicherheit_ePassChip.html`, abgerufen am 01.03.2009.

[8] Mirko Conrad und Alexander Krupp. An Extension of the Classification-Tree Method for Embedded Systems for the Description of Events. 2006.

[9] Bundesministerium des Innern. Einführung des elektronischen Personalausweises in Deutschland, 2008.

[10] Norman E. Fenton und Nicolas Ohlsson. Quantitative Analysis of Faults and Failures in a Complex Software System. *IEEE transactions on software engineering*, IEEE transactions on software engineering,:797–814, August 2000.

[11] Robert B. Grady. Successfully Applying Software Metrics. 1994.

[12] Matthias Grochtmann. Test Case Design Using Classification Trees. 1994.

[13] Matthias Grochtmann und Klaus Grimm. Classification Trees for Partition Testing. *Software Testing, Verification and Reliability*, Seiten 63–82, 1993.

[14] Standish Group. Standish Group Report - CHAOS, 1995.

[15] Darrel Hankerson, Alfred Menezes und Scott Vanstone. *Guide to Elliptic Curve Cryptography*. Springer, 2004.

[16] ICAO. Machine Readable Travel Documents - Part 1: Machine Readable Passport. *ICAO Doc 9303*, Specifications for electronically enabled passports with biometric identification capabilities, 2006.

[17] ISO/IEC 7816–3. *Identification Cards – Integrated circuit(s) cards with contacts – Part 3: Electrical interface on transmission protocols*. 2006.

[18] ISO/IEC 7816–4. *Identification Cards – Integrated circuit(s) cards with contacts – Part 4: Organization, security and commands for interchange.* 2005.

[19] ISO/IEC 7816–8. *Identification Cards – Integrated circuit(s) cards with contacts – Part 8: Commands for security operations.* 2004.

[20] ITU-T. X.690: ASN.1 encoding rules: Specification of basic encoding rules (BER), canonical encoding rules (CER), and distinguished encoding rules (DER). 1994.

[21] David P. Jablon. Cryptographic methods for remote authentication. 1997.

[22] Bingchiang Jeng und Elaine J. Weyuker. Some observations on partition testing. 1989.

[23] David Lee und Mihalis Yannakakis. Principles and methods of testing finite state machines — a survey. 1996.

[24] Peter Liggesmeyer. *Wissensbasierte Qualitätsassistenz zur Konstruktion von Prüfstrategien für Softwarekomponentent.* Wissenschaftsverlag, 1993.

[25] Peter Liggesmeyer. *Software-Qualität. Testen, Analysieren und Verifizieren von Software.* Spektrum Akademischer Verlag, 2002.

[26] Chae Hoon Lim und Pil Joong Lee. A key recovery attack on discrete log-based schemes using a prime order subgroup, 1997.

[27] Stefan Lützkendorf und Klaus Bothe. Attributierte Klassifikationsbäume zur Testdatenbestimmung. 2003.

[28] Marian Margraf. Der elektronische Identitätsnachweis des zukünftigen Personalausweises. In *19. SIT-SmartCard Workshop*, Seiten 3–14. 2009.

[29] Thomas J. McCabe. A complexity measure. *IEEE transactions on software engineering*, Seiten 308 – 320, 1976.

[30] Karl-Heinz Möller. *Ausgangsdaten für Qualitätsmetriken - Eine Fundgrube für Analysen.* Springer-Verlag, 1996.

[31] Glenford J. Myers und Corey Sandler. *The Art of Software Testing.* John Wiley & Sons, 2004.

[32] Klaus Pohl. *Requirements Engineering. Grundlagen, Prinzipien, Techniken.* dpunkt, 2007.

[33] Wolfgang Rankl und Wolfgang Effing. *Handbuch der Chipkarten.* Carl Hanser, 2002.

[34] Peter Schaar. Biometrische Reisepässe contra Datenschutz. `http://www.bfdi.bund.de/cln_029/nn_531474/DE/Oeffentlichkeitsarbeit/RedenUndInterviews/2005/StatementBfDBiometrischeReisepaesseContraDatenschutz.html__nnn=true`, abgerufen am 01.08.2009.

[35] Bernd-Holger Schlingloff. Software Qualität - Geschichte und Trends, 2006.

[36] Markus Ullmann, Dennis Kügler, Heike Neumann, Sebastian Stappert und Matthias Vögeler. PW Authenticated Key Agreement - Paper. *RFIDSec08, Proceedings*, 2008.

[37] Elaine J. Weyuker und Bingchiang Jeng. Analyzing Partition Testing Strategies. *IEEE transactions on software engineering*, 1991.

[38] Marc Witteman. Attacks on digital passports (2005). `http://wiki.whatthehack.org/images/2/28/WTH-slides-Attacks-on-Digital-Passports-Marc-Witteman.pdf`, abgerufen am 01.08.2009.

[39] Thomas Wölfl. *Formale Modellierung von Authentifizierung und Authorisierungsinfra-*

strukturen. Springer, 2007.

www.ingramcontent.com/pod-product-compliance
Lightning Source LLC
LaVergne TN
LVHW080118070326
832902LV00015B/2653